知识生产的原创基地
BASE FOR ORIGINAL CREATIVE CONTENT

颉腾商业
JIE TENG BUSINESS

DAO
METAVERSE ECONOMY
ORGANIZATION

DAO
元宇宙经济组织

郭勤贵 崔伟 编著

北京理工大学出版社
BEIJING INSTITUTE OF TECHNOLOGY PRESS

版权所有　翻印必究

图书在版编目（CIP）数据

DAO：元宇宙经济组织 / 郭勤贵，崔伟编著 . -- 北京：北京理工大学出版社，2023.3
ISBN 978-7-5763-2176-0

Ⅰ . ① D… Ⅱ . ①郭… ②崔… Ⅲ . ①信息经济 Ⅳ . ① F49

中国国家版本馆 CIP 数据核字 (2023) 第 046189 号

出版发行 /	北京理工大学出版社有限责任公司
社　　址 /	北京市海淀区中关村南大街 5 号
邮　　编 /	100081
电　　话 /	（010）68914775（总编室）
	（010）82562903（教材售后服务热线）
	（010）68944723（其他图书服务热线）
网　　址 /	http://www.bitpress.com.cn
经　　销 /	全国各地新华书店
印　　刷 /	三河市中晟雅豪印务有限公司
开　　本 /	880 毫米 × 1230 毫米　1/32
印　　张 /	6.125	责任编辑 / 钟　博
字　　数 /	116 千字	文案编辑 / 钟　博
版　　次 /	2023 年 3 月第 1 版　2023 年 3 月第 1 次印刷	责任校对 / 刘亚男
定　　价 /	59.00 元	责任印刷 / 施胜娟

图书出现印装质量问题，请拨打售后服务热线，本社负责调换

序言

DAO 非道，DAO 即道，DAO 是元宇宙经济组织

从整体上看，元宇宙是由进入元宇宙的感知系统与元宇宙内的生态系统两大部分组成的平行于现实世界的数字化虚拟世界。这个虚拟世界相对于现实世界而言，具有更大的想象空间。如果缺少了交互体验极好的感知系统与技术，如数字孪生技术、虚拟现实技术和混合现实技术等，那么人们将无法进入虚拟世界，无法体验元宇宙的沉浸感、现场感、参与感和数字身份感。同样地，如果缺少了元宇宙生态系统，如元宇宙经济系统，那么，即便拥有体验感极佳的感知系统与技术，元宇宙也不过是一个更高级的虚拟现实游戏而已，不可持续，缺乏想象力。因此，元宇宙生态系统是元宇宙必不可少的重要组成部分。

在元宇宙生态系统中，NFT、Web 3.0 和 DAO 是三个最重要的组成。DAO 是元宇宙经济组织，其作用类似于公司在现实世界经济与商业中的巨大作用。无论在现实世界中还是在虚拟世界中，经济组织都是必不可少的单元与动力。

经济组织是市场中最重要的主体，是资本、技术、知识、人力等生产要素和利益相关者进行整合与协作，以提供产品或服务从而参与市场竞争的主要模式。

人类社会至今已经经历了蒸汽机、电力与计算机三次工业革命，即将进入以人工智能为代表的第四次工业革命，经济发展模式也从农业经济、工业经济发展到数字智能经济，作为工业经济的产物——市场经济也发展了200多年。

经济组织的演变是缓慢的、渐进的。从工业经济时代的公司、互联网经济时代的平台或生态型公司，再到智能时代的DAO，经济组织正在发生着变革、创新与进化，这个过程不仅是对原有经济组织模式——公司组织结构的创新与流程再造，还是对外协作模式的变化与利益分配机制的创新，不但解决了增长与效率问题，还兼顾了公平与分配问题。DAO的出现，大大降低了交易与信任成本，提高了资源共享与互助的动力，推动了正向激励的自我驱动机制的发展，更为重要的是，催生了一种全新的资产——数字资产。

在这个变化过程中，原有的公司模式在很长时期内仍然是最主要的组织形态，远远未到所谓的"公司制黄昏"，更不可能彻底消亡，在很长一段时期内，公司和传统资本市场仍将具有强大的生命力。但是，我们也应该看到，平台经济与智能经济时代加速来临，将推动一种全新的经济组织模式呼啸而来，这种创新与进化已不再是过去公司制下简单的以流程再造为中心的组织创新，也不是通过员工持股、股权激励来激励公司员工，更非风投模式下的智本雇佣资本模式，它打破了互联网科技巨头依靠流量创造的平台与生态垄断模式，是经济组织对外协作模式、利益相关者利益分配重构的巨大变革。该类变革正在悄然发生，无论构建在 Web 2.0 或 Web 2.5 模式下的互联网科技巨头，如 Meta、苹果、腾讯及字节跳动等，还是新型的 Web 3.0 公司，都正朝着"股东、员工及用户"三大利益相关者利益一致的方向迈进，而且这三者都发生了变化：股东不再是原来的那种股东，外部合伙人模式、员工股东及投资股东等股东呈现多元化；员工也不是原来的那种员工，像滴滴、美团、快手、抖音、微信公众号这种外部合作模式的股东将成为主流和常态；用户也不是原来的那种用户，用户参与产品或服务设计、用户成为股东、用户成为内容及服务创造者、用户成为销售人员等新型模式都将涌现。

在平台经济时代，互联网科技巨头依然需要传统公司组织这个工具，需要传统的 VC、PE 及资本市场融资，但在员工与用户利益让渡方面，已经远非从前传统公司组织下的机制！也就是说，虽然平台与生态经济模式不能完全抛弃公司这种法律工具的壳，公司仍可以是《公司法》下的公司，但是无论从商业思维还是管理模式上，均已经完全抛弃了"公司+雇员"这种传统组织方式，已经产生巨大的创新与变革。

在基于区块链重构生产关系的智能经济时代，DAO 这一新型经济组织的出现，已经彻底抛弃了公司的这个沉重的壳：没有公司，没有管理层，没有在公司股东场所办公的员工，也没有传统应用场景下的用户。在 DAO 的生态体系与机制下，商业正常运行，生产效率高且分配公平，虽然在监管上，DAO

仍可能被视为特殊的公司而被赋予公司的法律外壳，如美国某个州关于 DAO 的立法等，但与传统公司或平台生态类公司外壳相比，DAO 之下的组织及商业模式已经发生了本质的变化和深刻的变革。

DAO 的类型很多，也存在很多法律、治理与监管问题，DAO 的成熟发展事关元宇宙经济系统的构建，因此，有必要系统深入地探讨 DAO，为元宇宙的发展助力，本书正是基于此目的而编写的。

本书的编写得到了崔伟博士的大力支持，他是本书的作者之一。本书的编写也得到了福建泉州存心网络科技公司 CEO 王荣柏先生的大力支持，其参与了本书第 6 章主要内容的写作。此外，本书还得到了北京送好运信息技术有限公司 CEO 付少庆先生的支持，他为本书提供了一些有参考价值的资料。在此，一并致谢。

郭勤贵　2022 年 10 月 4 日于北京

目录

第 1 章 什么是 DAO——DAO 的来龙去脉 / 001

1.1 DAO 的定义 / 002

    1.1.1 自主性 / 003

    1.1.2 去中心化 / 003

    1.1.3 组织 / 004

    1.1.4 从组织到组织 / 004

    1.1.5 DAO：在线组织的未来 / 005

1.2 DAO 的发展历史 / 006

1.3 DAO 的特征 / 007

1.4 DAO 的设立 / 009

第 2 章 DAO 是怎么工作的——DAO 的技术原理剖析 / 011

2.1 区块链 / 012

    2.1.1 区块链的发展历史 / 012

2.1.2 区块链的技术内核 / 018

2.1.3 区块链 1.0 的典型特征 / 022

2.1.4 区块链 2.0 的典型特征 / 024

2.1.5 区块链的主要类型和特点 / 025

2.1.6 区块链与新一代信息技术 / 028

2.1.7 区块链技术存在的不足 / 033

2.1.8 区块链的未来趋势 / 035

2.2 智能合约 / 037

2.2.1 智能合约的定义和特征 / 037

2.2.2 智能合约的运行机制 / 039

2.2.3 智能合约的应用场景 / 040

2.2.4 智能合约的优点 / 042

2.2.5 智能合约面临的问题 / 043

2.3 共识机制 / 045

2.3.1 共识机制的原理 / 045

2.3.2 共识机制的类型 / 047

2.3.3 共识机制的评价标准 / 051

2.4 对等式网络 / 053

2.4.1 对等式网络的定义和特征 / 053

2.4.2 对等式网络对于区块链的作用 / 054

2.4.3 对等式网络的类型 / 055

2.5 预言机 / 058

2.5.1 预言机的定义和功能 / 058

2.5.2 预言机的工作流程 / 060

第 3 章 DAO 引起的组织变革——从公司制到 DAO / 061

3.1 公司制的起源 / 062

    3.1.1 公司制的发展历程 / 062

    3.1.2 公司制的法律制度 / 067

    3.1.3 公司制的两大基石 / 069

    3.1.4 公司制的现在与未来 / 071

3.2 三大利益相关者 / 073

    3.2.1 利益相关者理论 / 073

    3.2.2 公司制中的三大利益相关者 / 077

3.3 三边博弈 / 078

    3.3.1 以股东为中心的时代——资本时代 / 079

    3.3.2 股东让利于员工的时代——股权激励时代 / 080

    3.3.3 股东、员工让利于用户的时代——以用户为中心的时代 / 081

3.4 网络时代商业的进化：产品—渠道—用户 / 082

3.5 以用户为中心 / 084

3.6 分布式商业时代的 DAO / 085

第 4 章 如何从 0 到 1 打造一个成功的 DAO——DAO 的技术实现 / 087

4.1 DAO 的谋划阶段 / 088

    4.1.1 从为什么开始——明确建立 DAO 的目的和必要性 / 088

    4.1.2 确定 DAO 的类型 / 090

    4.1.3 确定 DAO 的激励机制 / 091

    4.1.4 确定 DAO 通证的供应、分配和奖励机制 / 093

4.2 DAO 的建立阶段 / 094

    4.2.1 建立一个 DAO / 094

    4.2.2 管理 DAO 资金库 / 103

4.3 DAO 的运营阶段 / 105

    4.3.1 DAO 的治理 / 105

    4.3.2 建立社区 / 109

4.4 DAO 存在的问题和改进 / 110

第 5 章 DAO 是怎么制定决策的——DAO 的治理机制 / 113

5.1 去中心化自治组织 / 114

5.2 DAO 的治理 / 115

    5.2.1 DAO 的治理内容 / 116

    5.2.2 DAO 的治理方案 / 116

5.3 DAO 与社区 / 120

    5.3.1 DAO 的参与者 / 120

    5.3.2 DAO 是最典型的社区型组织 / 122

第 6 章 构建元宇宙的经济基础——DAO 和元宇宙的关系 / 125

6.1 元宇宙概况 / 126

    6.1.1 源起 / 126

    6.1.2 元宇宙的发展 / 129

    6.1.3 元宇宙的技术基础 / 131

    6.1.4 元宇宙快速发展的动力 / 136

6.2 元宇宙为何需要 DAO / 137

    6.2.1　DAO 是最适应元宇宙和 Web 3.0 的组织方式 / 138

    6.2.2　DAO 对元宇宙经济的巨大促进作用 / 139

6.3 元宇宙中的 DAO 应用案例 / 140

6.4 DAO 和元宇宙结合的未来发展 / 143

    6.4.1　当前 DAO 的不足之处 / 143

    6.4.2　DAO 的监管挑战 / 144

    6.4.3　DAO 和元宇宙的深度融合趋势 / 146

第 7 章　DAO 的应用 / 147

7.1 DAO 与智能化管理 / 148

    7.1.1　DAO 的工作原理 / 148

    7.1.2　驱动 DAO 价值增长的因素 / 149

    7.1.3　DAO 与公司的区别 / 150

    7.1.4　DAO 作为新型组织需要的治理能力 / 153

    7.1.5　DAO 具备的智能化管理 / 154

7.2 DAO 与通证经济 / 156

    7.2.1　通证经济 / 156

    7.2.2　DAO 是通证经济的运行组织 / 157

7.3 DAO 的作用与价值 / 158

7.4 DAO 的模式与类型 / 160

第 8 章 DAO 并非法外之地——DAO 的风险与监管 / 169

8.1 DAO 可能涉及的相关法律问题 / 170

  8.1.1 DAO 自身特征与属性孕育着巨大的法律挑战 / 170

  8.1.2 DAO 带来的法律挑战 / 172

  8.1.3 DAO 的相关法律问题 / 173

8.2 DAO 的治理路径 / 175

8.3 DAO 的监管机制 / 176

  8.3.1 DAO 是否应该受到监管 / 177

  8.3.2 DAO 受监管具备的优势 / 178

  8.3.3 DAO 受监管存在的问题 / 179

8.4 美国的 DAO 法律与监管 / 180

  8.4.1 美国起诉 DAO 第一案 / 180

  8.4.2 美国 DAO 的法律形态和适用 / 181

第1章

什么是 DAO
——DAO 的来龙去脉

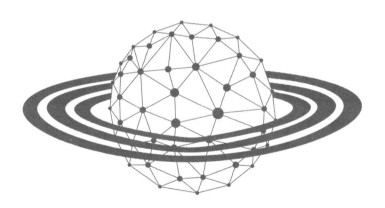

1.1 DAO 的定义

DAO 是英文 Decentralized Autonomous Organization 的缩写，是基于区块链核心思想理念（由达成同一个共识的群体自发产生的共创、共建、共治、共享的协同行为）衍生出来的一种组织形态，即区块链解决了人与人之间的信任问题之后的附属产物。DAO 是公司这一组织形态的进化版，是人类协作史上的一次革命性的进化。其本质是区块链技术应用的一种形式。

DAO 是一种将组织的管理和运营规则以智能合约的形式编码在区块链上，从而在没有集中控制或第三方干预的情况下自主运行的组织形式。DAO 有望成为应对不确定、多样、复杂环境的一种新型有效组织。DAO 具有充分开放、自主交互、去中心化控制、复杂多样及涌现等特点。与传统的组织现象不同，DAO 不受现实世界的空间限制，其演化过程由事件或目标驱动，快速形成、传播且高度互动，并伴随着目标的消失而自动解散。

什么是 DAO？ DAO 代表"去中心化自治组织"。这些词中的每一个都可以用多种方式来解释，产生不同的 DAO 定义，以强调一个方面或另一个方面。为了澄清这个概念，下面分析每个术语。

1.1.1　自主性

DAO 的基本特征是它的操作规则是经过编程的，这意味着当软件中指定的条件得到满足时，它会自动应用和执行。这将它与传统组织区分开来，传统组织的规则形成了必须有人解释和应用的指导方针。在 DAO 的情况下，由于委员会的批准，资金会立即转移。没有什么可以阻止它，无论内部利益相关者，还是银行等第三方，甚至公共机构。为了使操作规则的自动化和安全执行有效，它必须在公共的、无须许可的区块链上运行。使用公共区块链可以将（加密）货币或其他（加密）资产置于 DAO 的直接和唯一控制之下，DAO 充当组织及其操作规则的软件表示。DAO 是自治的，因为它的规则是自我执行的，没有人可以阻止它，也无法从外部改变它。

1.1.2　去中心化

第一，DAO 是去中心化的，因为它运行在去中心化的基础设施上，即公共的、无须许可的区块链，不能被国家或另一方接管。"DAO 是在底层无许可区块链（例如以太坊）上运行的智能合约的组合，以形成组织基础设施。"既没有提及权力在组织内的分配方式，也没有公司存在。

第二，DAO 是去中心化的，没有围绕高管或股东的分层组织，也没有将权力集中在他们周围。

1.1.3 组织

第一个自称 DAO 的组织是 The DAO，它创建于 2016 年，旨在资助有助于以太坊发展的项目。使用 DAO 而不是基金会或风险投资的想法符合以太坊社区所珍视的去中心化思想。事实上，DAO 是一个投资基金，其决策由投资者直接作出，而不是委托给专门的经理人。

2013 年，Vitalik 提出建议，用一种软件技术取代管理，该软件技术能够招募和支付人员来执行有助于公司使命的任务。

这种软件技术甚至可以向云服务提供商付费，以拥有可以运行的计算机，从而独立于任何特定的基础设施。当然，确保这项技术避免其资源被盗或被第三方破坏是至关重要的，因此这成为自主和去中心化的理由。

1.1.4 从组织到组织

DAO 明确指定了比"组织"的典型定义更广泛的内容——一个将人们聚集在一起并朝着共同目标努力的社会群体。因此，Vitalik 将 DAO 定义为"一个生活在互联网上并自主存在的实体，但也严重依赖于雇佣个人来执行自动机本身无法完成的某些任务。"

一个简短的定义是，去中心化自治组织（DAO）是一个互联网社区，它共同控制加密货币钱包以追求共同目标，如经营企业或慈善机构，而无须征求任何人的许可。这可以通过以太坊区块链（以及其他）上的开源软件实现，该软件可以将资金锁定在钱包中，并且只有在 DAO 成员投票支持的情况下才允许交易。要成为会员，通常只需购买该 DAO 会员代币的一小部分（尽管更多的代币通常意味着您参与的任何投票的权重更大）。

DAO 建立在可以在世界任何地方运行的开源软件之上，这意味着投资者可以参与其中，同时始终保持对其资金的控制权。

DAO 也是公开的，这意味着任何人都可以在 Etherscan 等区块链浏览器上查看从哪里接收和发送付款。这种激进的透明度自动满足了监管规定的许多报告要求，但更重要的是，它能够对数百万自我激励的投资者进行监督。

1.1.5　DAO：在线组织的未来

虽然互联网使人们能够绕过旧的等级制度和进步的障碍，但互联网又成为科技巨头所控制保持的中心化网络，不利于网络用户数据与隐私的保护，也盘剥了用户对网络的贡献价值。

DAO 正在成为在线协作的自然治理结构，尤其是加密原生项目，以及通过构建管理中心来寻求具有竞争优势的线下组织。DAO 是经济组织理念的范式转变。它提供了完全的透明度、完全的股东控制、前所未有的灵活性和自主治理。

1.2 DAO 的发展历史

2013 年 9 月，前 BTS、STEEM、EOS 的创始人 Daniel Larimer（BM）首次提出 DAC 概念，即去中心化自治公司，被认为是 DAO 的早期原型。

2014 年 5 月，ETH 创始人 Vitalik 对 DAO 进行了详细解释，DAO 的定义首次变得明确并加速传播。

2015 年，ETH 主网正式上线，结合 DAO 的智能合约出现了变化。

2015 年 8 月，DASH DAO 出现，这是首个有明确决策机制的 DAO。DAO 正式从笼统概念向具体实现进发。

2016 年 5 月，ETH 众筹平台 The DAO 上线，首个以互联网实体存在、以融资为目的的 DAO 诞生了。The DAO 融得超 1 200 万 ETH，当时价值约 1.5 亿美元，这将 DAO 推向了一个热度高峰。

2016 年 6 月，The DAO 智能合约漏洞被黑客攻击，损失了 360 万 ETH，市值近 7 000 万美元，并最终导致 ETH 分叉。这个事件也使 DAO 赛道市场一度沉寂。在低迷的市场环境下，一批 DAO 平台类项目在此期间发展了起来。

2016 年 12 月，Aragon 推出，这是 ETH 上早期的 DAO 搭建平台代表。

2017 年 12 月，Maker DAO 正式上线，这是 DeFi+DAO 的早期代表、管理型 DAO 平台。

2018 年 2 月，DAO Stack 发布，这是更重视去中心化决策机制的 DAO 平台。

2019 年 2 月，应用型的 Moloch DAO 推出，它通过其极简的机制和清晰的目标为 ETH 开发提供社区资金，让更多人便捷、直观地参与到 DAO 的治理机制中，同时它也是融资应用型 DAO 的原型。

2020 年之后，DAO 开始进入快速和多样发展期。

1.3 DAO 的特征

DAO 具备以下四大特征。

1. 分布式与去中心化

DAO 中不存在中心节点以及层级化的管理架构，它通过自下而上的网络节点之间的交互、竞争与协作来实现组织目标。因此，DAO 中节点与节点之间、节点与组织之间的业务往来不再由行政隶属关系所决定，而是遵循平等、自愿、互惠、互利的原则，由彼此的资源禀赋、互补优势和利益共赢所驱动。每个组织节点都将根据自己的资源优势和才能资质，在通证（token）的激励机制的作用下有效协作，从而产生强大的协同效应。

2. 自主性与自动化

在一个理想状态的 DAO 中，管理是代码化、程序化且自动化的。"代码即法律"（Code is law），组织不再是金字塔式的，而是分布式的，权力不再是中心化的，而是去中心化的，管理不再是科层制的，而是社区自治，组织运行不再需要公司，而是由高度自治的社区所替代。此外，由于 DAO 运行在由利益相关者共同确定的运行标准和协作模式下，组织内部的共识和信任更易达成，可以最大限度地降低组织的信任成本、沟通成本和交易成本。

3. 组织化与有序性

依赖于智能合约，DAO 中的运转规则、参与者的职责权利及奖惩机制等均公开透明。此外，通过一系列高效的自治原则，相关参与者的权益得到精准分化与降维，即给那些付出劳动、作出贡献、承担责任的个体匹配相应的权利和收益，以促进产业分工以及权利、责任、利益均等，使组织运转更加协调、有序。

4. 智能化与通证化

DAO 底层以封装了支持 DAO 及其衍生应用的所有基础设施

（互联网基础协议、区块链技术、人工智能、大数据、物联网等）为技术支撑，以数字化、智能化、链上链下协同治理为治理手段，改变了传统的科层制和人为式管理方式，实现了组织的智能化管理。通证作为DAO治理过程中的重要激励手段，将组织中的各个元素（如人、组织、知识、事件、产品等）数字化、通证化，从而使货币资本、人力资本及其他要素资本充分融合，更好地激发组织的效能和实现价值流转。

1.4　DAO的设立

一个DAO的设立，必须具备以下三个基本要素。

第一，具有能与陌生人达成共识的组织目标和组织文化（组织的使命、愿景、价值观），每一个DAO的最初设立都需要建立在创建者的初心与使命上，需要创建者达成共识，无共识，则无DAO。

第二，具有能与陌生人达成共识的，包含创立、治理、激励等内容的规则体系，并且此规则通过区块链技术置于链上。DAO的基础是代码（即法律），其具有自动执行性，其创立、治理及激励规则需要构建在区块链技术基础之上。随着DAO的创立，后续不断有新的陌生用户加入，参与DAO的治理，这就需要DAO具备与陌生人达成共识的意愿与机制。

第三，具有能与所有参与者形成利益关联的通证来实现全员激励。DAO 的发展与成长必须基于社区，基于共识，基于规则，基于治理，但能够形成自我驱动的正向激励是经济模型的核心，长远发展靠使命愿景，更靠利益的一致性与绑定，这就需要构建利益相关者激励机制，实施全员激励模式。

第 2 章

DAO 是怎么工作的
——DAO 的技术原理剖析

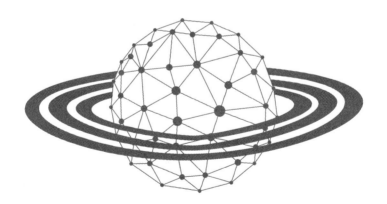

如果把DAO比作一台精密的机器，如何让它正常运转呢？本章将介绍构建DAO所用到的技术及其原理，其中包括区块链、智能合约、共识机制、对等式网络和预言机。这些技术犹如一个个齿轮，让DAO这台机器可以组装完成、稳定运行和发挥功用。

2.1　区块链

2.1.1　区块链的发展历史

区块链是建设、运行和维护DAO的核心手段，因为只有借助区块链技术的去中心化、不可篡改性和可追溯性，才能够实现DAO的自治、投票、成员身份鉴别等职能。可以说，区块链是DAO运行的底座，DAO的所有信息和流程都要基于区块链才能发挥作用。

从狭义来讲，区块链是一种按照时间顺序，将数据区块以顺序相连的方式组合成的一种链式数据结构，它是以密码学方式保证的，不可篡改、不可伪造的分布式账本。

从广义来讲，区块链是一种全新的分布式基础架构与计算范式，其主要特点是利用块链式数据结构验证与存储数据，利用分布式节点共识算法生成和更新数据，利用密码学技术保证数据传输和访问控制的安全，以及利用由自动化脚本代码组成的智能合约编程、操作数据。

区块链技术被认为是继大型机、个人电脑、互联网之后计算模式的颠覆式创新，在全球范围引起了一场新的技术革新和产业变革。目前，区块链的应用已延伸到物联网、智能制造、供应链管理、数字资产交易等多个领域。在金融、物联网、公益慈善、医疗健康、供应链等领域中，越来越多的企业、机构开始探索区块链在行业中的应用前景，规划基于区块链技术的数据流通路线图。

本章所用的原始术语和缩略语如表2-1所示。

表2-1 本章所用的原始术语和缩略语

缩略语	原始术语
区块链	分布式数据存储、点对点传输、共识机制、加密算法等计算机技术的新型应用模式
分布式	相对于集中式而言。分布式是区块链的典型特征之一，对应的英文是Decentralized，即不依赖于中心服务器（集群）、利用分布的计算机资源进行计算的模式
金融科技	通过科技让金融服务更高效，通常简称为FinTech
共识机制	区块链系统中实现不同节点之间建立信任、获取权益的数学算法

续表

缩略语	原始术语
智能合约	一种用计算机语言取代法律语言去记录条款的合约
分布式账本	一个可以在多个站点、不同地理位置或多个机构组成的网络中分享的资产数据库
DApp	分布式应用（Decentralized Application）
KYC	客户识别（Know Your Customer）
RSA	RSA 加密算法（RSA Algorithm）
ECC	椭圆加密算法（Elliptic Curve Cryptography）
BaaS	区块链即服务（Blockchain as a Service）

区块链技术起源于化名为中本聪（Satoshi Nakamoto）的学者。2008 年 11 月 1 日，他在 metzdowd.com 网站的密码学邮件列表中发表了一篇名为"比特币：一种点对点式的电子现金系统"（Bitcoin: A Peer to Peer Electronic Cash System）的奠基性论文，首次提出了区块链（Blockchain）的概念。该论文提出，希望可以创建一套"基于密码学原理而非基于信用"的电子支付系统，任何人都可以在不知道对方背景信息的情况下进行交易，且不需要第三方的介入。

中本聪极少透露自己的真实信息。在其个人资料中，他自称是居住在日本的 37 岁男性。然而，这一点一直被广泛怀疑。他的英文非常纯熟地道，且从来没有使用过日语。各种迹象表明，中本聪很可能是一个虚构身份。中本聪在发言和程序中切换使用英式英语和美式英语,并且随机在全天不同的时间上线发言,这表明他或者是有意隐瞒自己的国籍和时区,或者是其账号由多人操纵。

这篇论文催生了比特币,标志着人类社会货币体系的全新实验。论文发表之后不久,中本聪于 2009 年 1 月 3 日开发出首个实现了比特币算法的客户端程序,并进行了首次"采矿",获得了第一批 50 个比特币。这标志着比特币的正式诞生。中本聪基于知识分享和推广的理念,把比特币程序的代码全部开源,与世界各地的软件开发人员共同分享。"开源" 是计算机行业的一个概念,意味着软件开发者把所有的源代码按照一定的授权协议开放给大众使用。其他软件开发人员可以依照授权的范围,使用这些代码或者加以改写。

众所周知,比特币在没有任何中心化机构运营和管理的情况下,多年来运行非常稳定。其原因就在于比特币的发行方式都是由程序和加密算法预先设定后,在全世界的多个节点上运行,没有任何人和机构可以篡改,不受任何单一用户控制。后来,人们把这种基于密码学与分布式存储的底层技术抽象提取出来,称之为区块链技术。

2013 年,19 岁的 Vitalik Buterin 发布了题为《以太坊白皮书:下一代智能合约与去中心化应用平台》的白皮书,提出基于通用的编程语言来创建各种各样的分布式应用,被称为"世界计算机"。2015 年,Linux 基金会发起 Hyperledger(超级账本)

开源项目，众多金融机构及 IBM、英特尔等巨头加入合作。区块链的演进路径如图 2-1 所示。

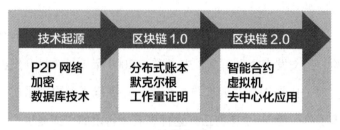

图 2-1　区块链的演进路径

在鼓励区块链技术发展方面，越来越多的国家将区块链产业上升到国家战略层面，出台了各种措施积极鼓励区块链技术与产业创新发展。2016 年年底，区块链技术首次被列入国务院《"十三五"国家信息化规划》。2017 年，工信部发布中国首个区块链标准：《区块链参考架构》。2019 年，中央政治局第十八次集体学习将发展区块链技术提上了国家战略层面，习近平总书记强调"要把区块链作为核心技术自主创新的重要突破口，明确主攻方向，加大投入力度，着力攻克一批关键核心技术，加快推动区块链技术和产业创新发展。"

2020 年 10 月，美国政府公布了"国家关键技术和新兴技术战略"，将区块链纳入管制技术以保护国家基础设施的安全。此外，目前美国绝大多数州政府已明确对区块链技术的监管立场，很多州政府已制定或颁布区块链领域的相关法律。

此外，德国、澳大利亚、新加坡等国也纷纷明确发展区块链的政策。2019年9月18日，德国联邦政府审议通过并发布了"德国区块链战略"，明确区块链国家战略，认为区块链技术在未来是互联网的重要组成部分，可以有效助力德国数字经济的发展。澳大利亚政府在2020年2月发布了长达52页的区块链产业路线图，强调了区块链技术的潜力，并提出了设计特定行业监管框架的方法。新加坡政府在技术创新方面也投入了大量资金，于2020年12月拨款1 200万美元，促进区块链的技术创新和商业用途。

在对区块链技术进行布局和研究的同时，各国也在加强对虚拟货币市场的监管。中国一直以来禁止在国内进行有关虚拟货币的交易活动，自2021年以来陆续发布政策，禁止虚拟货币交易以及"挖矿"活动。在美国，尽管存在大量加密货币投资者和区块链公司，但美国尚未对虚拟货币的资产类别制定明确的监管框架。美国证券交易委员会（SEC）通常将加密货币视为一种证券，美国商品期货交易委员会（CFTC）将比特币称为商品，美国财政部则将其称为货币，美国国税局（IRS）将加密货币归类为联邦所得税目的的财产。美国的加密货币交易属于《银行保密法》（BSA）的监管范围，必须在金融犯罪执法网络（FinCEN）注册。

由于区块链可以让人类无地域限制地以信任的方式进行大规模协作，因此可以预期，未来区块链技术将作为一种通用技术，从数字货币加速渗透至其他领域，与各行各业创新融合，构建一个可编程的信用社会。

2.1.2 区块链的技术内核

从技术的角度来讲，区块链并不是一个全新的技术，而是集成了多种现有技术的组合式创新，它涉及以下几个方面。

（1）共识机制。常用的共识机制主要有工作量证明（PoW）机制、权益证明（PoS）机制、股份授权证明（DPoS）机制、实用拜占庭容错（PBFT）机制、PAXOS机制、DPOP机制等。由于区块链系统中没有一个中心，因此需要有一个预设的规则来指导各方节点在数据处理上达成一致，所有数据交互都要按照严格的规则和共识进行。

（2）密码学技术。密码学技术是区块链的核心技术之一，目前的区块链应用中采用了很多现代密码学的经典算法，主要包括哈希算法、对称加密算法、非对称加密算法、数字签名算法等。

1）哈希算法。哈希算法的目的是针对不同输入，产生一个唯一的固定长度的输出。哈希算法有三个特点：一是不同的输入数据产生的输出数据必定不同；二是输入数据的微小变动会导致输出的大幅变化；三是给定已知输出数据，无法在有限时间内还原出原始的输入数据。常用的 SHA-256 算法就是针对任意长的数据数列输出 256 位数据，它可以对区块链的每个区块数据进行哈希摘要以防止篡改，同时结合默克尔根数据结构实现部分区块数据的哈希值验证。因此，哈希值主要用于验证信息完整性。在一个信息后面放上这个信息的哈希值，收到信息之后收信人再计算一遍哈希值，对比两者就知道这条信息是否被篡改过。如果信息被篡改过，哪怕只有一个比特被篡改过，则整个哈希值就会截然不同。而根据哈希函数的性质，没有人能够伪造出另一个具有同样哈希值的信息，也就是说，篡改过的数据完全不可能通过哈希值验证。

2）对称加密算法。对称加密算法利用加密密钥对原始数据进行加密处理，然后将加密后的密文发送给接收者，接收者利用同一密钥及相同算法的逆算法对密文进行解密，才能使其恢复成原始数据。在对称加密算法中，使用的密钥只有一个，发、收信双方都使用这个密钥对数据进行加密和解密，这就要求解密方事先必须知道加密密钥。区块链技术中常用的对称加密算法是AES。

3）非对称加密算法。非对称加密算法需要两个密钥：公开密钥（Public Key）和私有密钥（Private Key），以下分别简称公钥和私钥。公钥与私钥是一对，如果用公钥对数据进行加密，那么只有用对应的私钥才能解密；如果用私钥对数据进行加密，那么只有用对应的公钥才能解密。非对称加密算法的信息交换流程为：接收方B生成一对密钥，将其中的一把作为公钥向其他方公开；得到该公钥的发送方A使用该密钥对机密信息进行加密后，再发送给接收方B；接收方B用自己保存的另一把私钥，对加密后的信息进行解密。非对称加密和解密过程如图2-2所示。

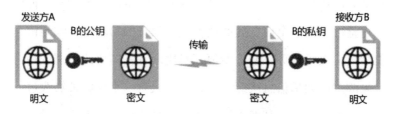

图2-2　非对称加密和解密过程

4）数字签名算法。区块链技术中使用的数字签名算法用于验证信息的完整性和真实性，其基本流程如下。发送者将需要签名的原始数据进行哈希摘要，然后对摘要信息用私钥加密后与原始数据一起传送给接收者。接收者只有用发送者的公钥才能解密被加密的摘要信息，然后用同样的哈希函数使收到的原文产生一个摘要信息，如果与解密的摘要信息对比相同，则说明收到的信息是完整的，在传输过程中没有被修改，否则说明信息被修改过，因此数字签名算法能够验证信息的完整性。此外，信息发送者拥有私钥且不公开，因此只有发送者本人才能构造基于其私钥的签名信息，这可以确保签名的真实性。ECDSA是区块链技术中常用的数字签名算法。

（3）分布式存储。区块链是一种点对点网络上的分布账本，每个参与的节点都将独立完整地存储写入区块数据信息。分布式存储区别于传统中心化存储的优势主要体现在两个方面：①在每个节点上备份数据信息，避免了单点故障导致的数据丢失；

②每个节点上的数据都独立存储,有效降低了历史数据被恶意篡改的可能性。

(4)智能合约。智能合约允许在没有第三方的情况下进行可信交易,只要一方达成了协议预先设定的目标,合约将会自动执行交易,这些交易可追踪且不可逆转。智能合约具有透明可信、自动执行、强制履约的优点。

(5)P2P 网络。P2P 网络技术是区块链系统连接各对等节点的组网技术,是建构在互联网上的一种连接网络。图 2-3(a)所示为 P2P 网络模式,图 2-3(b)所示为中心化网络模式。

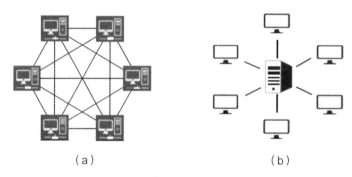

图 2-3 P2P 网络模式和中心化网络模式
(a)P2P 网络模式;(b)中心化网络模式

(6)数据库技术。数据库技术涉及计算机技术发展的大半历程,是基础性技术,也是软件业的基石。数据库技术脱胎于软件业,它使数据存储独立于代码,改变了此前数据处理软件的架构。数据库技术从早期的网状结构、层次结构发展到基于严密逻辑关系的关系型。关系型数据库用简单的二维表格集存储现实世界中的对象及其联系，有业界统一的 SQL 语言，被极为广泛地用于构建各种系统和应用软件。世界互联网产生的海量数据催生了以键值（Key-Value）对为基础的分布式数据库系统。目前，一些主要的互联网公司还根据各自需要研发和构建了新一代的 NoSQL 数据库管理系统。在区块链系统建设方面，传统的关系型数据库和分布式键值数据库均适用。

2.1.3 区块链 1.0 的典型特征

2009 年年初，比特币网络正式上线运行。在这种虚拟货币系统，比特币的总量是由网络共识协议限定的，没有任何个人或者机构能够随意修改其中的供应量及交易记录。在比特币网络成功运行多年后，部分金融机构开始意识到，作为支撑比特币运行的底层技术，区块链实际上是一种极其巧妙的分布式共享账本及点对点价值传输技术，对金融乃至各行各业的潜在影响甚至可能不亚于复式记账法的发明。

本质上，区块链就是一种无须中介参与，亦能在互不信任或弱信任的参与者之间维系一套不可篡改的账本记录的技术。区块链上的每个区块都由两部分组成：区块头，即区块的元数据，由一些关于区块内容的基本信息组成，包括交易的默克尔根；交易数据，即区块的主要组成部分，由实际的交易数据组成。

区块链网络中主要有以下两类节点。

（1）全节点（又称完全验证节点）。这类节点会下载区块链中的每笔交易并验证其有效性。这需要消耗大量资源和高达数百 GB 的磁盘空间，但是这些节点的安全性最高，因为它们不会接收包含无效交易的区块。

（2）轻客户端。如果节点计算机没有足够的资源运行全节点，就可以运行轻客户端。轻客户端不需要下载或验证任何交易。它们只下载区块头，并认定区块中包含的交易都是有效的。因此，轻客户端的安全性低于全节点。

区块链 1.0 的典型特征如下。

（1）以区块为单位的链状数据块结构。区块链系统各节点通过一定的共识机制选取具有打包交易权限的区块节点，该节点需要将新区块的前一个区块的哈希值、当前时间戳、一段时间内发生的有效交易及其默克尔根值等内容打包成一个区块，向全网广播。由于每一个区块都是与前续区块通过密码学证明的方式链接在一起的，当区块链达到一定的长度后，要修改某个历史区块中的交易内容就必须将该区块之前的所有区块的交易记录及密码学证明进行重构，有效实现了防篡改。

（2）全网共享账本。在典型的区块链网络中，每一个节点都能够存储全网发生的历史交易记录的完整、一致账本，即对个别节点的账本数据的篡改、攻击不会影响全网总账的安全性。此外，由于全网的节点是通过点对点的方式连接起来的，没有单一的中心化服务器，因此不存在单一的攻击入口。同时，全网共享账本这个特性也使防止双重支付成为现实。

(3)非对称加密。在典型的区块链网络中,账户体系由非对称加密算法下的公钥和私钥组成,若没有私钥,则无法使用对应公钥中的资产。

(4)源代码开源。区块链网络中设定的共识机制、规则等都可以通过一致的、开源的源代码进行验证。

以上技术的组合就是区块链1.0的典型实现,其技术架构如图2-4所示。

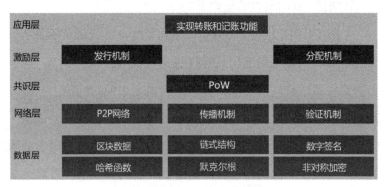

图 2-4　区块链 1.0 的技术架构

2.1.4　区块链 2.0 的典型特征

2014 年前后,业界开始认识到区块链技术的重要价值,并将其用于多个领域,如分布式身份认证、分布式域名系统、分布式自治组织等。这些应用称为分布式应用(DApp)。用区块链技术架构从零开始构建 DApp 非常困难,但不同的 DApp 共享了很多相同的组件。区块链 2.0 试图创建可共用的技术平台，并向开发者提供BaaS服务，从而大幅提高交易速度，降低资源消耗，并支持工作量证明、权益证明和股份授权证明等多种共识机制，使DApp的开发变得更加便捷。

区块链2.0的典型特征如下。

（1）智能合约。智能合约是区块链系统中的应用，是已编码的、可自动运行的业务逻辑，通常有自己的代币和专用开发语言，详见2.2节。

（2）DApp。DApp包含用户界面的应用。

（3）虚拟机。虚拟机用于执行智能合约编译后的代码。虚拟机是图灵完备的。

区块链2.0的技术架构如图2-5所示。

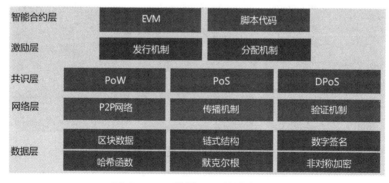

图2-5　区块链2.0的技术架构

2.1.5　区块链的主要类型和特点

区块链根据应用场景和设计的不同，主要分为公有链、联盟链和专有链。

（1）公有链。公有链的各个节点可以自由加入和退出网络，并参加链上数据的读写，运行时以扁平的拓扑结构互连互通，网络中不存在任何中心化的服务端节点。

（2）联盟链。各个节点通常代表实体组织机构或个人，通常需要经过授权后加入或退出网络。各机构组织组成利益相关的联盟，共同维护区块链的健康运转。

（3）专有链。专有链的各个节点的写入权限归内部控制，而读取权限可视需求有选择性地对外开放。专有链仍然具备区块链多节点运行的通用结构，适用于特定机构的内部数据管理与审计。

区块链的类型和特点如图2-6所示。

图2-6 区块链的类型和特点

现有的区块链技术主要包含以下四个特点。

（1）去中心化。无须第三方介入，实现点对点的交易、协调和协作。在区块链系统中，没有任何一个机构或个人可以实现对全局数据的控制，而任一节点停止工作都不会影响系统整体运作,这种去中心化的网络将极大地提升数据安全性。

(2)不可篡改性。区块链利用加密技术来验证与存储数据、利用分布式共识算法来新增和更新数据,区块链需要各节点参与验证交易和出块;修改任一数据都需要变更所有后续记录,修改单节点数据难度极大。

(3)公开透明与可溯源性。写入的区块内容将备份复制到各节点中,各节点都拥有最新的完整数据库备份,而且所有的记录信息都是公开的,任何人通过公开的接口都可查询区块数据。区块链中的每一笔交易通过链式存储固化到区块数据中,同时通过密码学算法对所有区块的所有交易记录进行叠加式哈希摘要处理,因此可追溯到任何一笔交易历史。

(4)集体维护性。区块链去中心化的特征决定了它的集体维护性。传统中心化机构通常要身兼三职——数据存储者、数据管理者和数据分析者,区块链则以对等的方式由各参与方共同维护,各方权责明确,无须向第三方机构让渡权利,实现共同协作。

因此,区块链技术的优势可以总结如下。

(1)业务数据可信化。与传统分布式数据库有所不同,区块链引入了"人人记账"的理念,每个参与主体都有权记账,大家各自保存最新账本和所有历史记录。这种数据高度冗余的存储方式,可提升不互信主体之间的信息透明度,实现账本数据不可篡改和全程留痕,进而促进多方信息共享和协同操作。

在实际业务中，通过业务数据上链，可实现纸质单据的电子化和电子信息的可信化，降低多主体之间不信任的摩擦成本，解决传统业务方式耗费大量人力物力进行单据、票据真实性审核的问题，也便于金融机构实施风险管控。

（2）参与主体对等化。当跨部门共建信息化系统时，最大的难题在于集中存储的数据由哪个机构或部门管理。区块链的统一分布式账本技术，天然解决了"业务主权"问题，有效实现了每一个参与主体的身份对等、权力对等、责任对等、利益对等，并在所有参与主体之间实现数据的实时同步更新，使合作更加方便快捷，合作方的积极性得以提升。

（3）监管手段多维化。监管部门可在区块链平台上增加监管节点，及时获取监管数据，并灵活定制金融监管的统计口径、监管数据颗粒度等，实现快速分析。同时，采用智能合约等可编程脚本，增加相应的监管规则，监管重点从金融机构的合规审查和风险管控，逐步上升至对系统性风险的识别监控，实现事前、事中、事后全过程的监管体系，有效防范金融风险，维护金融稳定。

2.1.6　区块链与新一代信息技术

随着新一轮产业革命的到来，云计算、大数据、物联网、人工智能等新一代信息技术在智能制造、金融、能源、医疗健康等行业中的作用越来越重要。从国内外发展趋势和区块链技术发展演进路径来看,区块链技术和应用的发展需要云计算、大数据、物联网等新一代信息技术作为基础设施支撑,同时区块链技术和应用的发展对推动新一代信息技术产业发展具有重要的促进作用。图 2-7 说明了区块链与新一代信息技术的关系。

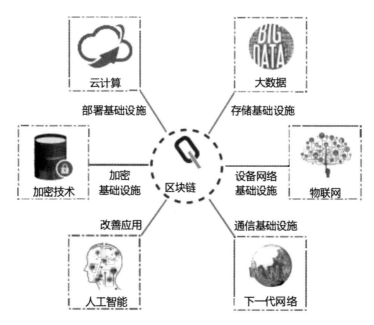

图 2-7　区块链与新一代信息技术的关系

1. 区块链与云计算

区块链技术的开发、研究与测试工作涉及多个系统,时间与资金成本等问题将阻碍区块链技术的突破,基于区块链技术的软件开发依然是一个高门槛的工作。云计算服务具有资源弹性伸缩、快速调整、低成本、高可靠性的特质,能够帮助中小企业快速低成本地进行区块链开发部署。两项技术融合,将加速区块链技术成熟,推动区块链从金融业向更多领域拓展。

2. 区块链与大数据

区块链是一种不可篡改的、全历史的数据库存储技术,巨大的区块数据集合包含每一笔交易的全部历史,随着区块链的应用迅速发展,数据规模会越来越大,不同业务场景区块链的数据融合进一步扩大了数据规模,提高了其丰富性。区块链提供的是账本的完整性,数据统计分析的能力较弱。大数据具备海量数据存储技术和灵活高效的分析技术,可以极大提升区块链数据的价值和拓展其使用空间。

区块链以其可信任性、安全性和不可篡改性,让更多数据被解放出来,推进数据的海量增长。区块链的可追溯特性使数据从采集、交易、流通,以及计算分析的每一步记录都可以留存在区块链上,使数据的质量获得前所未有的强信任背书,也保证了数据分析结果的正确性和数据挖掘的效果。区块链能够进一步规范数据的使用,精细化授权范围。脱敏后的数据交易流通则有利于突破信息孤岛,建立数据横向流通机制,并基于区块链的价值转移网络,逐步推动形成基于全球化的数据交易场景。

3. 区块链与物联网

物联网作为在互联网基础上延伸和扩展的网络,通过应用智能感知、识别技术与普适计算等计算机技术，实现信息交换和通信，同样能满足区块链系统的部署和运营要求。另外，区块链系统网络是典型的P2P网络，具备分布式异构特征，而物联网天然具备分布式特征，网络中的每一个设备都能管理自己在交互作用中的角色、行为和规则，对建立区块链系统的共识机制具有重要的支持作用。

随着物联网中设备数量的增长，如果以传统的中心化网络模式进行管理，将带来巨大的数据中心基础设施建设投入和维护投入。此外，基于中心化的网络模式也会存在安全隐患。区块链的去中心化特性为物联网的自我治理提供了方法，可以帮助物联网中的设备理解彼此，并让物联网中的设备感知不同设备之间的关系，实现对分布式物联网的去中心化控制。

4. 区块链与下一代网络（5G）

区块链是点对点的分布式系统，节点间的多播通信会消耗大量网络资源。随着区块链体量的逐步扩大，网络资源的消耗会产生几何级数增长，最终会成为区块链的性能瓶颈。

5G网络作为下一代网络，理论传输速度可达数十GB每秒，这比4G网络的传输速度快数百倍。对于区块链而言，区块链数据可以达到极速同步，从而减少了不一致数据的产生，提高了共识算法的效率。另外，预计到2025年，大约有500亿部设备将连接到5G网络，并且将融合到物联网之中。下一代网络的发展，将极大提升区块链的性能，扩展区块链的应用范围。

5. 区块链与加密技术

现代信息的应用越来越趋于全球化和全民化，对于信息安全的要求除了防篡改、抗抵赖、可信等基础安全要求之外，更需要加强隐私保护、身份认证等方面的安全。可以说，区块链技术是因为现代密码学的发展才产生的，但今天区块链技术所用的加密技术主要是二十年前的密码学成果，还存在很多问题需要解决。

将区块链技术应用于更多分布式的、多元身份参与的应用场景，现有的加密技术是否满足需求，还需要更多的应用验证，同时需要深入整合密码学前沿技术，包括目前的零知识证明、多方保密计算、群签名的密码体制、全同态密码学等最新前沿技术。

新兴的区块链技术有助于推动信息化沟通模式从多对多沟通发展到物联网沟通，密码学需要不断创新才能满足趋于复杂的通信方式的安全需求，从某种程度上说，区块链技术在推动密码体系创新的同时，也给现代密码学带来新的发展契机。同时，在区块链治理过程中，身份认证是第一要务，数字证书对于区块链技术也是极其重要的，区块链技术的发展对数字证书的发展和应用也有极大的促进作用。

6. 区块链与人工智能

基于区块链的人工智能网络可以设定一致、有效的设备注册、授权和完善的生命周期管理机制，有利于提高人工智能设备的用户体验及安全性。

此外，若各种人工智能设备通过区块链实现互连、互通，则有可能带来一种新型的经济模式，即人类组织与人工智能、人工智能与人工智能之间进行信息的交互甚至业务的往来，而统一的区块链基础协议则可以让不同的人工智能设备在互动过程中不断积累学习经验，从而实现人工智能程度的进一步提升。

2.1.7　区块链技术存在的不足

区块链技术存在的不足主要表现在以下几个方面。

（1）在性能方面，区块链的性能和可扩展性还有待提升。在区块链中，交易只能排队按序处理，所有交易结果和支付记录都要同步到全网节点，严重影响了系统处理性能。在节点不多的生产环境中，区块链系统每秒可处理逾千笔交易；在实验室理想环境中，每秒的交易量可能过万笔。但是，随着参与节点数量的增加，数据同步、验证的开销增大，系统的性能会进一步降低，从而影响区块链的可扩展性。

（2）在安全方面，区块链缺乏体系化安全防护。一是区块链普遍采用国际通用的密码算法、虚拟机、智能合约等核心构件，增加了被攻击的风险。二是区块链存在内生的安全缺陷，也就是51%攻击问题（即通过掌握51%的算力改写区块链数据）。三是区块链仍处于早期阶段，在安全方面可能存在未知漏洞。传统系统出现安全问题时，可采用取消、撤回、紧急干预甚至停止服务等手段，但区块链并不支持取消、撤回等相关操作。

（3）在存储方面，全量备份的存储机制容易遇到存储瓶颈。区块链的每个节点需存储完整的历史交易信息，当将区块链用于零售支付系统时，节点存储量将快速增长。

（4）在交互方面，不同区块链系统的交互性问题难以解决。目前，相同类型的区块链之间依托定制的通信协议，可以实现数据的相互读取、验证和操作。但是，不同类型的区块链之间，由于编程语言、数据字典、系统接口、智能合约等不一致，跨链数据难互通，容易导致业务割裂。

（5）在运维方面，业务连续性的问题不容小觑。多方集体维护的区块链系统也会带来巨大挑战。例如，成员加入/退出、系统升级、业务规则更新等，目前尚缺乏成熟的标准、制度和操作规范，需要多方线下沟通才能处理链上的协同治理问题。

（6）在合规方面，区块链无法保证结算最终性。由于存在51%攻击问题，基于区块链的支付系统无法保证结算最终性。基于区块链构建系统时，需要考虑它是否满足数据安全保护要求，以免产生法律风险。

2.1.8 区块链的未来趋势

随着区块链技术的演进,越来越多的机构开始重视并参与到区块链技术的探索中来。从最初的开源社区,到各种类型的区块链创业公司、风险投资基金、金融机构、IT企业及监管机构,区块链的发展生态逐渐得到发展与丰富。总的来看,区块链生态系统如图2-8所示。

图2-8 区块链生态系统

面对区块链技术带来的机遇与挑战,全球各行各业都在进行积极布局,试图通过这一"组合式创新"技术改变原有的业务与管理模式,构建一个多方参与、安全信任的新型生态体系。区块链的未来发展趋势主要体现在以下几个方面。

(1)产业渗透。虽然区块链的底层架构源于比特币,但作为一种通用技术,区块链正加速从数字货币向其他领域渗透,与各行各业创新融合。目前，金融服务、数字资产、慈善公益等行业纷纷投入区块链应用的探索，利用日志存证、信息追溯等特点，改变行业内原有的交易不公开透明等问题。在此趋势的推动下，区块链将在更多的领域发挥作用。诸如医疗健康等涉及大规模数据交互的行业，必将通过区块链技术实现数据的可信交易，破除现有的利益壁垒，打造一个全新的数据行业内外安全共享的生态体系。

（2）多中心化。区块链的核心并不是"为了去中心化而抛弃中心化管理"，而是构建多方信任机制。在未来，随着跨链技术的不断发展，区块链的架构将演变为多方共同参与的可信任体系，即在多方信息不对称、背景不清晰的情况下，构建多方赖以信任与合作的新生态。未来在多中心化和去中心化之间，将会存在一个中间区域，而不同区块链系统根据特定场景需求，将呈现不同的去中心化程度。

（3）技术融合。以云计算、大数据、物联网为代表的新一代信息技术正渗透进各行各业。未来区块链的发展必将以技术融合为切入点，共同解决单一技术的不足与难点，扩大应用场景，降低应用成本。以区块链与物联网结合为例，物联网是互联网在实体经济中的延伸，它通过计算机技术实现物品与物品之间的信息交换与通信。区块链系统是典型的点对点网络，具有分布式异构特征，天然适合在物联网中建立各主体的共识机制，制定交互规则，构建去中心化控制的交易网络。因此，如何通过区块链与其他技术的融合,实现产业创新,将成为区块链未来发展的重要课题。

(4)标准规范。企业应用在未来将是区块链的主战场,联盟链将成为主流方向。与公有链不同,在企业级应用中,人们不仅关注通过软件和算法来构建信任基础,更重要的是从用户体验与业务需求出发,构建一套基于共识机制、权限管理、智能合约等多维度的生态规则。面对不断演进的区块链技术,同步考虑相应的技术标准和法律法规,提高区块链的可信程度,建立区块链的应用准则,以加强监管,防范风险。

2.2 智能合约

DAO 的核心在于让所有成员可以公开、透明地参与组织的运行、决策和管理,而这些机制的运转不能依靠某个中心成员或组织,而必须依赖公开透明的算法执行,这需要用到智能合约(Smart Contract)技术。

2.2.1 智能合约的定义和特征

现代社会围绕"降低履约成本和违约风险"这个目标,设计了一系列精密、复杂的制度安排,当然,其成本也是比较高的。在法律层面,有保障合约订立、执行的法律和立法、司法、执法体系。在商业层面,有抵押、担保等保障措施。尽管如此,违约行为依然是难以避免的,违约行为本身及后续的法律救济,都会产生巨大的成本。而智能合约理念自诞生起,就试图通过技术方式来降低履约成本和违约风险。

智能合约这个术语至少可以追溯到 1994 年,由美国计算机科学家尼克·萨博(Nick Szabo)提出。他在自己的网站发表的几篇文章中提到了智能合约的理念。其定义如下:"智能合约以计算机代码的形式记录合同当事人承诺履行的义务,并在约定条件下由代码实现强制履行。"

但是萨博只是提出了概念,没有说明如何落地实施。1996 年,伊恩·格里格(Ian Grigg)提出了既能够被人读取,也可以被程序解析的"李嘉图合约",赋予了智能合约法律属性,成为后续智能合约探索的主要路线。

智能合约的有效实现需要满足以下几个特征。

(1)一致性。智能合约需要与合约文本保持一致,并且不与现行法律发生冲突。

(2)可观测性。智能合约的内容与其执行过程都应该是可观测的、透明的,合约各方能够通过用户界面去观察、记录、验证合约状态。智能合约一旦建立,就无法篡改。

(3)可验证性。智能合约所产生的结果应能够被验证,具有一定的容错性,代码运行符合合约,重复运行可以得到相同的结果,具备成为司法证据的条件。

(4)隐私性。智能合约的运行应该将当事人的身份信息与合约内容控制在"最小、必要"的知悉范围内，满足商业信息保密和个人隐私保护需求。

（5）自强制性。这个特征既是智能合约的核心内涵，也是智能合约的主要价值，即在具备合同约定条件，不依靠法律强制力的情况下，智能合约应该具有不被干扰、不可抵赖地履行义务的能力。

2.2.2 智能合约的运行机制

简单来说，智能合约的工作原理涉及四个步骤：构建、存储、输入和执行。

（1）构建。既然是合约，就需要明确参与各方的权利和义务。不同于传统合约需要请律师起草，智能合约的设立需要找程序员将这些权利和义务以电子化的方式进行编程。代码中包含会触发或激活合约自动执行的条件。条件通常由"是"或"不是"决定。智能合约最重要的参数之一，就是确定在什么时候以及什么情况下会激活合约。例如，小 A 决定把买的房子租出去，并与租户小 L 约定每月 25—30 日交下个月租金，交完租金才能入住。那么每月 25—30 日交租金就是触发条件。

（2）存储。编码完成后，会被赋予一个区块，上传到区块链，成为链上的一部分。也就是说，全网的验证节点都会接收到小 A 和小 L 关于租房的合约。接下来，智能合约就会定期检查是否存在相关事件和触发条件。一旦满足了相应的条件，就会触发智能合约。满足条件的事件将会被推送到待验证的队列中。例如，如果小 L 在 28 日交了租金，这个事件就触发了智能合约。

（3）输入。应为智能合约代码提供可信的数据输入，作为智能合约代码执行的基本信息源。

（4）执行。区块链上的验证节点会先对相关事件进行验证，以确保其有效性；等大多数验证节点对该事件达成共识后，智能合约将成功执行，并通知小 A 和小 L。最后，成功执行的智能合约将会被移出区块。未执行的智能合约则继续等待下一轮处理，直至成功执行。

当智能合约在公共区块链中执行时，任何一方都无法阻止交易的发生。这是因为区块链是一种分布式的数据库，其中的记录或区块的列表可以不断扩展。这些区块存储在分散于世界各地的不同节点上，区块链在每次输入信息时都会自动更新。这种自动化使链上信息的记录极少发生错误。不同的节点都记录同样的信息，这种重叠能够保护区块不被修改或篡改。这样，即使没有第三方监督执行，交易的完成也是能得到保障的。

2.2.3 智能合约的应用场景

目前，智能合约在金融领域的作用较为突出。一旦满足了预先设定的条件，智能合约就可以进行自动转账、结算和交易。债券利息支付也可以使用智能合约,到期自动将本金退还给用户。保险公司也可以使用智能合约简化工作流程,减少不同部门之间交互的错误。智能合约还有助于发展物联网监管服务。

在卫生保健服务领域,智能合约也有发挥的空间。当病人从一个科室转到另一个科室时,医疗记录可以自动准确地更新。区块链中提供的信息可以反映人们的健康状况,因为这些信息是实时自动更新的。智能合约还可以验证健身目标的实现,并根据物联网机制进行奖励。

音乐行业可以使用智能合约追踪歌曲的使用费和相应的支付情况。区块链上的信息只能被添加,不能被篡改,这就确保了信息的真实性。

房地产行业可以受益于智能合约,因为不需要印很多份合同,文书工作减少了,交易也能得到简化。一旦买卖双方就条款内容达成一致,智能合约就可以在条件达成时,自动将货款从买方转移到卖方,并将所有权移交给买方。所有这些都可以在没有第三方帮助的情况下在线完成。

供应链行业也可以使用智能合约获得无缝传递的体验。在制造、运输和交付过程的不同阶段,每一次传递都被自动记录下来。如果对哪一环节的传递存疑,可以对整个过程进行审查,并跟踪发生差异的阶段。

保险行业也可以使用智能合约。例如,在满足特定条件后,可以确定谁应该为某一场车祸负责。智能合约可以根据汽车的运行状况来收费。一旦所有条件都满足，智能合约将自动生效。

2.2.4　智能合约的优点

与传统合约相比，智能合约具有如下优点。

（1）内容公开透明。智能合约部署在区块链上，其内容自然是公开透明的。

（2）内容不可篡改。同样，因为智能合约部署在区块链上，所示其内容是无法被修改的。

（3）永久运行。运行在区块链上的智能合约，同样被区块链上的网络节点共同维护，只要区块链在，智能合约就能永久地运行下去。

（4）去信任。智能合约是基于区块链的，其内容公开透明且不可篡改。"代码即法律"，交易者基于对代码的信任，可以在不信任的环境下安心、安全地进行交易。

（5）经济、高效。对于传统合约，人们经常会因为对合约条款理解的分歧而产生纠纷；智能合约通过计算语言很好避免了分歧，几乎不会造成纠纷，达成共识的成本很低。在智能合约上，仲裁结果产生后立即执行生效。因此，相比传统合约，智能合约有经济、高效的优势。

（6）无须第三方仲裁。假设 A 和 B 打赌，赌明天是否会下雨，输了的一方需要给对方 100 元。如果输的人抵赖，赢了的人就得不到奖励。为此，A和B去找第三方仲裁机构，效率低且费时费力。如果将赌约写在智能合约上，则在达成赌约之时，A和B各自把100元转入智能合约地址，智能合约根据最终的结果，自动执行裁决，赢的一方拿走所有的奖励。可见，智能合约无须第三方仲裁。

2.2.5 智能合约面临的问题

1. 智能化问题

这里的智能化和目前流行的人工智能概念一致，只是智能合约中的"智能"更强调可信的智能化。例如，目前的人工智能判案，强调证据的搜集、智能化处理、以法律为基础的智能合约判决，但判决结束后可能法官需要审核，原告和被告也需要进行审核，而区块链智能合约则是通过多方的共识验证一次性完成整个人工智能判案的过程，而人工智能判案的程序便是部署于法院、原告、被告等多个利益实体的智能合约。

因此，区块链智能合约不是解决智能化的问题，智能化的问题需要通过人工智能技术去解决，"区块链+人工智能"便是真正的区块链智能合约。目前由于应用场景和技术有限，区块链智能合约是不智能的，但这并不代表以后的区块链智能合约不智能。

2. 合约化问题

合约往小说即规则，往大说即法律。目前的区块链智能合约更多地停留在规则层面。例如，比特币便是一种数字货币的执行规则，但数字货币交易的场景过于简单，导致继而形成的执行规则也特别简单，与我们现实生活中的合约还是差距较大，但目前人们已经在供应链金融、跨域结算、数据共享等领域开始尝试复杂规则的智能合约应用，降低多信任实体的信任交互成本。

因此，区块链智能合约的合约化问题需要通过不断的尝试探索去解决，而且目前已经有较多的案例。

3. 输入可信性问题

输入可信性问题是一个难点问题，对于数字货币场景，不存在该问题，因为数据均是始于链而终于链，不会有来自外部的资产信息，但如果想把区块链应用到各行各业，情况就复杂了。例如，进行房屋资产登记，虽然记到链上的数据是不可篡改的，但记到链上的数据一定是可信的吗？不一定，因为输入数据的是一个机构、一个中心化的信息系统。

针对这个问题，目前的解决方法是通过多方参与，细化分解数据输入步骤。例如，对于房屋资产登记，可以改变流程，将整个输入分为三个阶段执行：用户提出房屋资产登记请求；政府职能部门确认；用户确认接收房屋资产。这种方法虽然在一定程度上解决了问题，但整个操作方法过于复杂，而且对原有信息系统的改造成本极高。

还有一种方法，就是采用预言机机制，详见2.5节。

2.3 共识机制

2.3.1 共识机制的原理

目前对区块链共识的讨论，涉及三种不同语境下的共识概念——机器共识、治理共识和市场共识，其中治理共识和市场共识可以称为"人的共识"。很多误解就源于混淆了这三类共识，或者泛化了共识的范围和性质。

（1）机器共识。机器共识属于分布式计算领域的问题，目标是在存在各种差错、恶意攻击以及可能不同步的对等式网络中，并在没有中央协调的情况下，确保分布式账本在不同网络节点上的备份文本是一致的（不是语义一致）。

对等式网络的节点（特别是负责生成和验证区块的节点）有诚实节点和恶意节点之分。诚实节点遵守预先定义的算法规则（主要是共识算法），能完美地发送和接收消息，但其行为完全是机械性的。恶意节点可以任意偏离算法规则。在一定限制条件下（例如，很多区块链网络要求 50% 以上算力由诚实节点掌握），算法规则保证了机器共识的可行性、稳定性和安全性。机器共识的范围限于区块链内的状态和交易等有关信息。

（2）治理共识。治理共识是指在群体治理中，群体成员发展并同意某一个对群体最有利的决策。治理共识的要素包括：①不同的利益群体；② 一定的治理结构和议事规则；③相互冲突的利益或意见之间的调和折中；④ 对成员有普遍约束的群体决策。治理共识涉及人的主观价值判断，处理的是主观的多值共识，治理共识的参与者通过群体间的协调和协作过程收敛到唯一意见，而此过程如果不收敛，就意味着治理共识失败。

（3）市场共识。市场共识体现在市场交易形成的均衡价格中。

三类共识之间存在紧密而复杂的联系。机器共识是对等式网络的节点运行算法规则的产物。治理共识反映由人（包括网络节点的拥有者或控制者）来制定或修改算法规则的过程。市场共识受机器共识和治理共识的影响。

下文如无特别说明，讨论的均是机器共识。

区块链的自信任主要体现为分布于区块链中的用户无须信任交易的另一方，也无须信任一个中心化的机构，只需要信任区块链协议下的软件系统即可实现交易。这种自信任的前提是区块链的共识机制（Consensus），即在一个互不信任的市场中，使各节点达成一致的充分必要条件是每个节点出于对自身利益最大化的考虑，都会自发、诚实地遵守协议中预先设定的规则，判断每一笔记录的真实性，最终将判断为真的记录记入区块链。

换句话说，如果各节点具有各自独立的利益并互相竞争，则这些节点几乎不可能合谋欺骗用户，而当各节点在网络中拥有公共信誉时，这一点体现得尤为明显。区块链技术正是运用一套基于共识的数学算法，在机器之间建立"信任"网络，从而通过技术背书而非中心化信用机构进行全新的信用创造。

2.3.2 共识机制的类型

目前,区块链的共识机制主要可分为五大类:工作量证明机制、权益证明机制、股份授权证明机制、实用拜占庭容错机制和 Pool 验证池。

1. 工作量证明机制

工作量证明机制即对工作量的证明,是生成要加入区块链的一笔新的交易信息(即新区块)时必须满足的要求。在基于工作量证明机制构建的区块链网络中,节点通过计算随机哈希散列的数值解争夺记账权,求得正确的数值解以生成区块的能力是节点算力的具体表现。工作量证明机制具有完全去中心化的优点,在以工作量证明机制为共识的区块链中,节点可以自由进出。人们所熟知的比特币网络就应用工作量证明机制来生产新的货币。然而,由于工作量证明机制在比特币网络中的应用已经吸引了全球计算机大部分的算力,其他想尝试使用该机制的区块链应用很难获得同样规模的算力来维持自身的安全。同时,基于工作量证明机制的挖矿行为还造成了大量的资源浪费,达成共识所需要的周期也较长,因此该机制并不适合商业应用。

这么说可能比较难以理解,下面举一个生活中的例子。如果我们去一个商场排队,在排队过程中可能有很有人插队,这样最后就变成有一条长队,旁边又有若干个分支。商场里一般会有维持秩序的人员(如保安),他们会定期过来检查秩序,如果发现有人插队,他们会把这条队打散,如果你正好在这条队中,你就吃亏了。

那么应该选择哪条队呢?这就是一个数学问题:人们如何达成共识。工作量证明机制的本质,是选择计算量最大的那条队。也就是说,你应该选择最长的那条队。或者说,系统会奖励真正付出时间最多的人。

2. 权益证明机制

2012年,一位化名Sunny King的网友推出了Peercoin,该加密电子货币采用工作量证明机制,同时采用权益证明机制维护网络安全,这是权益证明机制在加密领域中的首次应用。与要求证明人执行一定量的计算工作不同,权益证明机制要求证明人提供一定数量加密货币的所有权即可。权益证明机制的运作方式是,当创造一个新区块时,矿工需要创建一个"币权"交易,交易会按照预先设定的比例把一些代币发送给矿工本身。权益证明机制根据每个节点拥有代币的比例和时间,依据算法等比例地降低节点的挖矿难度,从而提高了寻找随机数的速度。这种共识机制可以缩短达成共识所需的时间,但本质上仍然需要网络中的节点进行挖矿运算。因此,权益证明机制并没有从根本上解决工作量证明机制难以应用于商业领域的问题。

3. 股份授权证明机制

股份授权证明机制是一种新的保障网络安全的共识机制。它在尝试解决传统的工作量证明机制和权益证明机制问题的同时,还能抵消中心化所带来的负面效应。

股份授权证明机制与董事会投票类似，该机制拥有一个内置的实时股权人投票系统，就像系统随时都在召开一个永不散场的股东大会，所有股东都在这里投票决定公司决策。基于股份授权证明机制建立的区块链的去中心化依赖于一定数量的代表，而非全体用户。在这样的区块链中，全体节点投票选举出一定数量的节点代表，由它们代理全体节点确认区块、维持系统有序运行。同时，区块链中的全体节点具有随时罢免和任命节点代表的权力。如果有必要，全体节点可以通过投票让现任节点代表失去代表资格，重新选举新的节点代表。

股份授权证明机制可以大幅减少参与验证和记账的节点的数量，从而达到秒级的共识验证。然而，该共识机制仍然不能完美解决区块链在商业中的应用问题，因为该共识机制无法摆脱对代币的依赖，而在很多商业应用中并不需要代币的存在。

4. 实用拜占庭容错机制

这里涉及一个经典的数学问题，叫作拜占庭将军问题。拜占庭就在今天的土耳其的伊斯坦布尔，是东罗马帝国的首都。因为当时拜占庭罗马帝国的国土非常辽阔，所以为了达到防御目的，每个军队都分隔很远，将军与将军之间只能靠信差传递消息。

在打仗的时候，拜占庭军队的所有将军必须先就能不能打赢这个问题达成一致的共识，再去决定要不要攻打敌人的阵营。但是，问题是这些将军在地理上是分隔开来的，并且军队内部有可能存在叛徒和敌军的间谍，他们既可能左右将军们的决定，又扰乱整体军队的秩序。那么，在某些将军谋反的情况下，其余忠诚的将军能不能不受叛徒的影响而达成一致的意见？毕竟，只有完全达成一致的意见才能获得胜利。

这就是数学上著名的拜占庭将军问题，它本质上是一个典型的共识问题，是由后来获得2013年图灵奖的数学家莱斯利·兰波特与另外两人在1982年提出的。

他们根据研究，给出了这个问题的解决方案如下。

（1）每个将军给其他所有将军发送指令。

（2）每个将军根据自己收到的指令来决定最终的策略。

解决这个问题需要如下两个前提。

（1）通信没问题，每个将军发出的信息中间没有阻断，都能顺利传达。

（2）叛徒的总数不能超过将军总数的1/3。

只要满足这两个前提条件，并按照这样的解决方案执行，就可以使将军们达成一致的意见。不过这种方法的缺点是，因为每个将军都要向其他将军发送指令，所以如果人数很多的话，达成一致意见的时间比较长。

1999年，卡斯托与李斯克夫在莱斯利·兰波特的研究基础上，提出了实用拜占庭容错算法，也就是著名的实用拜占庭容错算法。这个算法能提供高性能的运算，使系统可以每秒处理成千的请求，比旧式系统快了一些。

实用拜占庭容错算法是一种状态机副本复制算法，即服务作

为状态机进行建模，状态机在分布式系统的不同节点进行副本复制。每个状态机的副本都保存了服务的状态，同时也实现了服务的操作。将所有的副本组成的集合用大写字母 R 表示，使用 $0 \sim |R|-1$ 的整数表示每一个副本。为了描述方便，假设 $|R|=3f+1$，这里 f 是有可能失效的副本的最大个数。尽管可以存在多于 $3f+1$ 个副本，但是额外的副本除了降低性能之外不能提高可靠性。

对比工作量证明机制和实用拜占庭容错机制，可以看到，工作量证明机制需要的算力较高，因为需要解题，不过对通信要求不高。而实用拜占庭容错机制不需要解题就可以达成共识，但是它需要在节点之间进行频繁的通信，在节点增加时会加重系统的负担。

5. Pool 验证池

Pool 验证池基于传统的分布式一致性技术建立，并辅之以数据验证机制，是目前区块链中广泛使用的一种共识机制。

Pool 验证池不需要依赖代币就可以工作，在成熟的分布式一致性算法（Pasox、Raft）的基础之上，可以实现秒级共识验证，更适合有多方参与的多中心商业模式。不过，Pool 验证池也存在一些不足。例如，该共识机制能够实现的分布式程度不如工作量证明机制等。

2.3.3 共识机制的评价标准

区块链上采用不同的共识机制，在满足一致性和有效性的同时会对系统整体性能产生不同影响。综合考虑各个共识机制的特点，从以下四个维度评价各共识机制的技术水平。

（1）安全性。主要考虑是否可以防止二次支付、自私挖矿等攻击，是否有良好的容错能力。以金融交易为驱动的区块链系统在实现一致性的过程中，最主要的安全问题就是如何防止和检测二次支付行为。自私挖矿通过采用适当的策略发布自己产生的区块，获得更高的相对收益，是一种威胁比特币系统安全性和公平性的理论攻击方法。

（2）扩展性。主要考虑是否支持网络节点扩展。扩展性是区块链设计要考虑的关键因素之一。根据对象不同，扩展性又分为系统成员数量的增加和待确认交易数量的增加两部分。扩展性主要考虑当系统成员数量、待确认交易数量增加所带来的系统负载和网络通信量的变化，通常以网络吞吐量来衡量。

（3）性能效率。从交易达成共识被记录在区块链中至被最终确认的时间延迟，也可以理解为系统每秒可处理确认的交易数量。与传统第三方支持的交易平台不同，区块链技术通过共识机制达成一致，因此其性能效率问题一直是研究的关注点。比特币系统每秒最多处理7笔交易，远远无法支持现有的业务量。

（4）资源消耗。主要考虑在达成共识的过程中，系统所耗费的计算资源大小，包括CPU、内存等资源。区块链上的共识机制借助计算资源或网络通信资源达成共识。以比特币系统为例，基于工作量证明机制的共识需要消耗大量计算资源进行挖矿，以提供信任证明完成共识。

2.4 对等式网络

2.4.1 对等式网络的定义和特征

P2P（peer-to-peer）网络又称为对等式网络，或者点对点网络。这是一种无中心的服务器，完全由用户群进行交换信息的互联网体系。P2P 网络的每一个用户既是一个客户端，又具备服务器的功能。在 P2P 技术之前，绝大部分网络应用都采用 C/S（客户端/服务器端）或 B/S（浏览器/服务器端）架构来实现。在 C/S 架构的应用程序中，客户端向服务器发出请求，然后服务器对客户端请求做出响应，在这种情况下，客户端越多，服务器的压力就越大。然而，采用 P2P 技术实现的每台计算机既是客户端，也是服务器，它们的功能是对等的。安装了 P2P 软件的计算机都会加入一个共同的 P2P 网络，网络中的节点之间可以直接进行数据传输和通信。

不同于中心化网络模式，P2P 网络中各节点的计算机地位平等，每个节点有相同的网络地位，不存在中心化的服务器。所有节点间通过特定的软件协议共享部分计算资源、软件或信息内容。在区块链出现之前，P2P 网络技术已被广泛用于开发各种应用，如即时通信软件、文件共享和下载软件、网络视频播放软件、计算资源共享软件等。P2P 网络技术是构成区块链技术架构的核心技术之一。

相比于 C/S 架构，P2P 有其独特的优势：所有客户端都能够提供资源，包括带宽、存储空间及计算能力，所以其网络容量可以远超其他模式。

（1）对等模式。P2P 网络系统中的客户端能够同时扮演客户端和服务器的角色，这使两台计算机能够不通过服务器直接进行信息分享。也就是说，信息的传输分散在各个节点，无须经过某个中心服务器，用户的隐私信息被窃听和泄露的可能性大大降低。

（2）网络资源的分布式存储。在 C/S 架构中，所有客户端都直接从服务器下载所有数据资源，这样势必会加重服务器的负担，而 P2P 则改变了以服务器为中心的状态，使每个节点可以先从服务器上下载一部分，然后再相互从对方或其他节点下载其余部分。采用这种方式，当大量客户端同时下载时，就不会造成网络堵塞现象了。

C/S 架构具有以下缺点。

（1）服务器负担过重。

（2）当大量用户访问 C/S 系统的服务器时，常常会出现网络堵塞现象。

（3）系统稳健性和服务器关联密切。

（4）如果服务器出现问题，整个系统的运行将会瘫痪。

2.4.2 对等式网络对于区块链的作用

从技术方面来分析，区块链技术就是 P2P 网络、共识机制和密码学的有机组合。具体来说，区块链就是采用P2P网络架构，通过密码学来保证数据的安全，通过共识机制来保证数据的一致性。对于其他架构来说，故障是不可避免的，但是对于区块链的分布式 P2P 网络来说，基本不存在单点故障，就算节点频繁进退也不会对整个系统产生影响。

P2P 网络自身有多方面优点，它在区块链中的应用如下。

（1）去中心化。区块链的资源和服务分布在所有参与节点上，通过共识机制维护区块链网络一致性，无须中心系统。

（2）可扩展性。区块链节点可以自由加入、退出，网络系统根据节点自由扩展。

（3）健壮性。区块链网络没有中心节点，也就没有攻击对象。参与节点分布在网络中，部分节点遭到破坏对区块链系统无影响。许多网络协议均是依靠 CA 证书进行处理的，这也成了许多黑客攻击的对象。因为区块链并没有 CA 这种机制，所以也就规避了风险。

（4）隐私保护。区块信息采用广播机制，无法定位广播初始节点，可以防止用户通信被监听，保护用户隐私。

（5）负载均衡。区块链通过限制节点连接数等配置，避免资源负载、网络堵塞。

2.4.3　对等式网络的类型

针对区块链的应用特点，从 P2P 网络是否去中心化、节点地址是否结构化两个方面，将 P2P 网络分为以下四类。

1. 中心化 P2P 网络

在中心化 P2P 网络中存在"中心服务器",而其作用为保存接入节点的地址信息。倘若两个对等节点(peer)想要进行通信,那么它们可以通过中心服务器查找对方的地址。例如,将音乐文件与保存文件的节点相互关联,当用户查找某个音乐时,中心服务器告知用户存储节点的地址,用户点对点连接以获得音乐。

由此可知,中心服务器是用来提供地址索引的(其他架构的中心服务器用户提供所有的服务)。如果中心服务器出现故障,整个系统就瘫痪了。

对小型网络而言,中心化拓扑模型在管理和控制方面有一定优势,但鉴于其存在的上述缺陷,该模型并不适合大型网络应用。

2. 全分布式非结构化 P2P 网络

这种网络没有中央索引服务器,每台计算机在网络中是真正的对等关系,既是客户端又是服务器。

全分布式 P2P 节点可以自由加入、退出,并且没有中心节点,节点地址没有结构化统一标准,整个网络呈随机图的结构,无固定网络结构图。然而完全的自由意味着新节点无法得知 P2P 网络节点信息,从而无法加入网络。全分布式 P2P 网络在更加自由的同时也带来节点管理的问题,节点频繁加入、退出使整个网络结构无法稳定,大量的广播消息不仅造成资源浪费,甚至会堵塞网络。

比特币采用的就是全分布式非结构化 P2P 网络结构，全分布式使任何人、任何节点都可以参与，非结构化使节点间既可以通过区块链 P2P 协议同步区块数据，又保持匿名隐私保护。

举例如下：当一台计算机要下载一个文件时，它首先以文件名或关键字生成一个查询请求，并把这个请求发送给与它相连的所有计算机，这些计算机中如果存在这个文件，则与发起查询的计算机建立连接，如果不存在这个文件，则继续在自己相邻的计算机之间转发这个查询，直到找到文件为止。为了控制搜索消息不至于永远这样传递下去，一般通过 TTL（Time To Live）的减值来控制查询的深度。

3. 全分布式结构化 P2P 网络

全分布式最大的问题在于节点地址管理，节点间没有固定规则约束，无法精确定位节点信息，只能通过洪泛查询方式进行查找，对网络的消耗很大。而结构化网络采用分布式哈希表（Distributed Hash Table，DHT），通过如哈希函数一类的加密散列函数，将不同节点地址规范为标准长度数据。

结构化模型与非结构化模型相似，但结构化模型的节点管理有固定结构图。例如，以太坊将节点椭圆加密算法的公钥转换为 64 字节长度的 NodeID 作为唯一标志符来区分节点，使以太坊可以在没有中心服务器的情况下实现节点地址的精确查找。

4. 半分布式 P2P 网络

结合中心化和分布式模型各自的优点，半分布式 P2P 网络将节点分类成普通节点和超级节点。超级节点维护部分网络节点地址、文件索引等工作，超级节点共同实现中心服务器功能。超级节点本身是分布式的，可以自由扩展、退出，具备分布式网络的优点。

常见的联盟链架构超级账本（Hyperledger Fabric）采用的P2P网络结构就是如此。它将节点分为普通节点和超级节点(排序、背书节点等)。超级节点可以由普通节点选举，也可以自行配置，单独一个超级节点停机不会影响系统运行。

2.5 预言机

2.5.1 预言机的定义和功能

区块链是一个确定的、封闭的系统环境，目前通过区块链只能获取链内的数据，而不能获取链外现实世界中的数据，区块链与现实世界是割裂的。一般智能合约的执行需要触发条件，当智能合约的触发条件是外部信息时（链外），就必须由预言机来提供数据服务，通过预言机将现实世界中的数据输入区块链，因为智能合约不支持对外请求。

可以通过一个例子来说明。假设现在一个人被关进了一个小房间里，他对外面的世界发生了什么几乎一无所知，不知道外面是否有人，即使呼叫也没有人回应，只有外面的守卫在门口把自己看到的、听到的都告诉这个人，他才可以得知外面的世界。智能合约就像这个例子中的房间里面的人一样，无论何时何地，智能合约都无法主动向外寻求信息，只能由外部把消息或数据传递给它。预言机就是这个在外面输送消息和数据的守卫。它们的作用是充当链上数据（区块链）与链下数据（一般所说的"现实世界"）之间连接的桥梁。

2018年11月6日，中国人民银行发布的《区块链能做什么？不能做什么？》报告中，是这样对预言机定义的：区块链外信息写入区块链内的机制，一般被称为预言机（Oracle Mechanism）。

预言机的功能就是将外界信息写入区块链，完成区块链与现实世界的数据互通。它允许确定的智能合约对不确定的外部世界做出反应，是智能合约与外部进行数据交互的唯一途径，也是区块链与现实世界进行数据交互的接口。

如果把区块链比作操作系统，把DApp比作运行于其上的App，那么可以形象地把预言机比作API接口（API是一组定义、程序及协议的集合，通过API接口实现计算机软件之间的相互通信）。

预言机是区块链和现实世界之间的纽带，是可以实现数据互通的工具。为了防止数据被操纵，预言机通常也是去中心化的。这意味着预言机会发送相同的数据，并且大多数预言机发送的数据被认为是正确的。如果发现一个预言机经常与其他预言机非常不一致，则可以假定它是恶意的并使它受到惩罚。目前有许多不同类型的预言机，其实现类型取决于网络及其用户的需求。

2.5.2 预言机的工作流程

预言机的工作流程如图 2-9 所示。

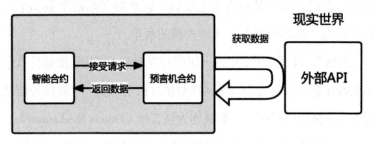

图 2-9 预言机的工作流程

图 2-9 显示了预言机的工作流程,即用户的智能合约把请求发给链上的预言机合约,再通过链下的 API 接口获得外部数据,更确切地说是外部把数据发给链上的预言机合约,然后预言机合约再把数据提供给用户创建的智能合约。

预言机作为区块链与现实世界进行数据交互的桥梁,应用场景非常多,可以说一切需要与链下进行数据交互的 DApp 都需要预言机。例如,DAO 在执行内部治理时,需要根据外部条件来触发内部的智能合约,这就需要用到预言机所提供的数据。

假设通过某个 DApp 购物平台购买某件物品。当物品快递过来的时候,现实世界中的快递寄送或到达信息数据就可以通过预言机被传递到链上,然后触发链上的智能合约,用户用自己的私钥确认收到了快递,并完成付款。

第 3 章

DAO 引起的组织变革
——从公司制到 DAO

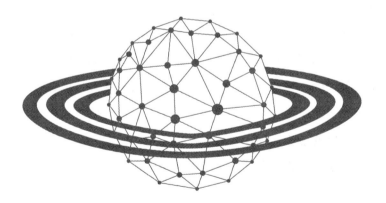

3.1 公司制的起源

公司制诞生的背景是大航海以及后来的工业革命。有限责任公司发展中的一个里程碑是1862年英国颁布《公司法》。这部《公司法》首次明确提出有限责任公司,并对"公司"做出了定义——公司是以盈利为目标的市场主体,开设公司是每个英国公民的基本权利。

1862年英国《公司法》诞生之后,事实上开始把公司的架构或这种制度红利,从小众人群带入大众,制度红利开始成为每个公民的一项基本人权,开设公司在某种意义上变成基本人权。公司制,从非常小众的制度演变为大众的红利,伴随着全球经济体的增长,到今天已经发展为一个完善的体系,从某种意义上来说,我们大部分人的生活和工作都在公司制的操作体系里。

3.1.1 公司制的发展历程

公司制的兴起与发展,是人类从事商业交易长期实践与探索的结果。在公司组织出现之前，人类已经自然采用了多种结社经营的商业模式，类似的行会、合伙、特许公司等商业组织先后出现。

其实早在罗马时代，类似现代人所谓的社团与财团等法人组织等早期形式就已经出现了。但是，真正具备现代公司雏形的制度出现于大航海时代，大航海的商业冒险带来了公司制度这一现代商业组织出现的契机。

在葡萄牙与西班牙瓜分世界财富之时，后来者的加入无疑是虎口拔牙，风险是巨大的。而此时以殖民地贸易为基础的外贸利润是最高的，但是远洋贸易时间长，距离远，不但面临天气的威胁，还有殖民地土著人带来的危险，这是单个资本所承担不了的，同时还要从政府那里谋取贸易的特权，这都需要集合多个资本才能操作完成。在对高额利润的强烈欲望的驱使下，也为了筹集资金与分担风险，人们很快想到了股份制公司这种结构形式。

在当时西欧各国成立的众多公司中，有四家带着"印度"字眼的公司最为特殊与著名。这四家公司之所以特殊，就在于其不同于一般意义上的公司，具有部分国家职能。根据贸易需要，这些公司可以组建军事力量并实施军事行动。这四家公司分别是英国东印度公司、荷兰东印度公司、荷兰西印度公司、法国西印度公司。其中荷兰拥有东、西印度公司，可见荷兰在17世纪时的超强实力。

我们先来看看成立最早的英国东印度公司的有关情况。1555年,英国第一个商业股份公司——俄罗斯公司组建完成,此后按照这种模式,新的商业股份公司纷纷成立。1600年,一群商人在英国政府的支持下成立了英国东印度公司。该公司成立之初,共募集资本3万英镑,而且有101个股东,每人认购的股份从100英镑到3 000英镑不等。到了1657年,股份从最初的3万英镑增至73万英镑,并且产生了一名总裁,24名董事管理公司的日常业务。

股份制的相对优势是可以无限期经营,如果某个投资人不想再做这笔生意,就可以把自己的那一份转手卖给别人。因此,无论谁离开,这个公司的生意都能长期做下去。

英国东印度公司主要负责英国与南亚、东南亚之间的贸易往来;还有东地公司(英国王室特许设立的公司,性质与英国东印度公司一样),其主要负责英国与波罗的海的贸易往来;利凡特公司(英国王室特许设立的公司,性质与英国东印度公司一样),主要负责地中海东部的贸易。英国东印度公司刚成立的时候,就获得了英国女王伊丽莎白一世所颁发的特许状。

根据当时英国王室的规定,英国东印度公司所获得的特权有:自好望角以东一直到麦哲伦海峡整个东方地区的贸易,属于英国东印度公司独有,如果有侵犯该公司贸易专利权的,可以没收货物,并将其一半上缴国库,另一半归公司所有;允许英国东印度公司每次航行所需费用约3万英镑免于征税,而且前4次航行中所有商船上的商品也能够免于征税。这项特权的有效期是15年，但是如果发现它不能给国家带来任何好处，可以从颁发该特许状之日起，2年后任何时间取消，同时如果它发现对国家有利，在15年之后可以提出再延长15年。

从1600年英国东印度公司成立，到1657年这段时间，这家公司算不上股份公司，因为每次航行的投资者都是不同的，每航行一次就募集一次资本，航行结束资本退还给投资者，获利也是按照资本大小进行分配。

紧随其后的是成立于1602年的荷兰东印度公司，这家公司是世界上第一家发行股票的股份公司。

从1595年4月至1602年间，荷兰陆续成立了14家以东印度贸易为重点的公司，为了避免过度的商业竞争，这14家公司合并成为一家联合公司，即荷兰东印度公司。这是一个具有国家职能，主要业务为向东方进行殖民掠夺和垄断东方贸易的商业公司。荷兰东印度公司可以自组雇佣兵，发行货币，并被获准可以与其他国家订立正式条约，并对该地实行殖民与统治。

荷兰东印度公司在其成立后的将近200年间，总共向海外派出1 772艘船。平均每个海外据点有25 000名员工、12 000名船员。尼德兰联省共和国（States-General of the Netherlands，荷兰共和国）给予该公司在亚洲进行殖民活动21年期限的垄断权，这是世界上第一家跨国公司，也是第一个发行股票的公司，还是世界上第一个特大公司，政府持有股份。

该公司有为战争支付薪水、与外国签订条约、铸造货币、建立殖民地等权利，它在近200年的时间里，在世界贸易中有重要影响力，每年给政府分红18%，直到1800年该公司正式解散，其财产和债务由巴达维亚共和国（Batavian Republic）承担。该公司在东南亚的殖民地则在19世纪又扩展到了整个印度尼西亚群岛，形成了现代意义上的印度尼西亚。

除了设立荷兰东印度公司之外，荷兰在1621年还成立了荷兰西印度公司。其主要的目标是占领葡萄牙、西班牙在美洲的地盘，垄断当地的贸易。该公司经过多年的奋斗在美洲站稳了脚跟，并建立了新阿姆斯特丹，也就是现在的纽约。该公司后来在南美洲巴西占了很大的一块地方：在1623年占领了南美的圭亚那；在1630—1640年从西班牙人手中夺得加勒比海上的小安的列斯群岛中的阿鲁巴岛、库腊索岛、博内尔岛、萨巴岛、圣尤斯特歇斯岛，和法国人共占圣马丁岛。

不过由于非洲和美洲远远没有东方富有，所以荷兰西印度公司的贸易产品也都不是很值钱。其中奴隶贸易占了很高的比例，最高时奴隶贸易占了总收入的一半以上，其他都是皮毛贸易和金属贸易等。不过即使这样，荷兰还是凭借荷兰西印度公司控制着美洲和非洲。它虽然没有荷兰东印度公司强大，但是也为荷兰称霸世界作出了巨大贡献。与荷兰东印度公司一样，荷兰西印度公司在荷兰霸业失败的时候被解散。

接下来是法国西印度公司。法国西印度公司是一个建立于

1664年的特许公司。特许状授予该公司北美地区的路易斯安那地区和魁北克地区（新法兰西）、墨西哥地区、中美洲、尤卡坦半岛、瓜德罗普岛、马提尼克岛及南美洲的法属圭亚那的所有权和领主权。

当然，以上公司与现代的公司还有一定的差异。之后，法国、英国与美国先后进行了公司立法，尤其是美国大幅简化了公司的设立程序与门槛，为现代公司制度奠定了基础。①

3.1.2 公司制的法律制度

最早进行商事立法的是法国。1563年，法国就已设立商事法院，并任命商人为法官负责审理商事案件。1673年，法国国王路易十四颁布的世界上第一部商事法律——《陆上商事条例》，其中已经有了关于公司的一些规定，可被视为世界上有关公司的最早立法。1681年，法国颁发了《海事条例》。1807年9月，法国颁布了世界上第一部商典法——《法国商典法》。

英国于1856年颁发了世界上第一部单行公司法，即《合众公司法》，于1908年颁发了世界上第一部统一的公司法。德国颁布了世界历史上第一部《德国有限责任公司法》，这是德国调整有限责任公司的主要法典。《德国有限责任公司法》制定于1892年4月，颁行于1898年5月，其颁布实施先于《德国商法典》。德国又于1937年颁布了《股份有限公司法》。

---

① 参见郭勤贵所著《公司诉讼36式》第一章。

根据美国宪法，联邦议会不享有公司立法权，公司立法权属于各州议会。因此，美国没有一部统一适用的联邦公司法，但各州都有自己的公司法。为了减少各州之间立法差异所导致的冲突，美国统一州法委员会曾于1928年制定了《统一商事公司法》，以供各州立法参考。

1950年，美国律师协会公司法委员会起草了《美国示范公司法》，该法虽然本身没有法律约束力，但是它对各州公司法的制定有很大影响。到目前为止，该法的大部分内容已为绝大多数州采纳，成为各州公司法的主要内容。

美国虽然没有统一的联邦公司法，但联邦法院对于州际公司间的纠纷拥有管辖权。另外，美国国会近几十年来制定了许多调整公司行为的联邦法律，如适用于公开持股公司的证券发行和交易行为的《证券法》（1933年）和《证券交易法》（1934年）、防止公司进行垄断的《反托拉斯法》等。

除了成文法以外，美国公司法还有一个重要的渊源，即判例法。很多公司法律原则来源于法院的判例，如英美公司法上著名的"揭开公司面纱"原则。这些主要由法院判例构成的公司法律规范被称为普通公司法。美国普通公司法的很多原则继承了英国公司法的判例规则。

中国最早的公司法则是1903年颁布的《公司律》。1903年，清廷任命知晓西方发展情况与律法的外交官伍廷芳以及袁世凯负责制定公司法，至1903年7月，清廷成立商务部，于当年

12月正式颁布《商律》。而《商律》由《商人通例》和《公司律》组成，其中《公司律》是专为公司发展运营所制定的公司法，也就是我国最早的公司法。

3.1.3 公司制的两大基石

1. 法人独立人格与股东有限责任

公司制的出现催生了资本市场制度，如可发行股份募资的公司、股份可上市交易的上市公司以及为公司股份提供自由交易的证券交易所等，也由此推动了风险投资的出现。

公司之所以能从最初的国王特许经营到当下的自由设立，从大航海时代的负有国家军事与贸易职能的特殊公司到当下的纯粹商事活动主体，从最初的无限公司到当下的有限公司（包括有限责任公司与股份有限公司），其最为重要的原因是公司制的最重要基石的诞生，即公司的法人独立人格（公司的无限责任能力）与公司股东以出资为限的有限责任两大法律制度的诞生。

在法律上赋予公司具有如同自然人一样的独立人格具有重大意义，它使公司成为一个具有独立的民商事行为能力、独立的民商事权利能力的法律意义上的拟制的人格，从而使公司具有了以其全部财产独立承担全部民商事经营活动的无限责任能力。

法律赋予了公司具有独立的无限责任能力，从而将公司股东与公司的财产及其对应的责任区分开来,公司股东以其对公司出资为限对外承担有限责任(即股东对外担责的边界以出资额为限,超出出资额部分的责任不再承担),而公司以其全部财产对外承担无限责任。这样的界定就确定了一个清晰的、明确的责任边界与民商事活动的风险范围。对于公司投资者而言,其清晰预见到本次投资最大的风险就是亏掉所有投资本金,而不再承担其他责任,无须担忧连带其家庭财产或其他资产。如此一来,投资者才敢于投资设立公司,才敢于参与创业公司的风险投资,才敢于在资本市场上交易上市公司的股票。反之,则没有人敢于参与公司的上述活动。

同理,这样的规定,使与公司发生交易关系或民商事活动的第三方需要审慎考察公司的财务状况、经营情况、偿债能力及商业信誉等多种因素,不轻易与公司从事相关交易。因为其清楚,公司必须以其全部财产承担相应的责任,如果公司资不抵债,就会进入破产程序,而公司股东并不会承担连带责任。因此,与公司交易的潜在风险与公司股东无关,只与公司本身有关。作为市场经济的理性人,就可以明确风险控制的重要性与风控的方式。这样有利于交易的安定性与稳定性,会促进民商事活动持续、规范、健康地发展,从而促进经济的增长。

2. 现代会计制度

公司制的第二个基石是现代会计制度,因为现代会计制度能够为公司的经营活动、财务状况、偿债能力、利润、现金流等情况提供可测算、可记账、可量化、可评估、可视化的依据。

现代会计制度用行业公认的记账方式和记账准则,将公司的每一笔交易活动真实记录,用资产负债表、现金流量表及损益表(利润表)清晰明确地将公司真实财务状况、经营活动展示出来。有了这种制度和方式,就使公司股东/投资人、公司管理者(股东会、董事会、监事会、经理)、与公司交易的第三方、政府监管当局(工商、税务、证监会)、银行等金融机构准确了解公司的经营状况,从而做出相应的判断与对策。

因此,如果说公司的法人独立人格与股东的有限责任制度是公司制的第一个最重要的基石,那么,现代会计制度就是第一个基石的最重要的保障。没有现代会计制度,公司的实际财务状况、股东出资情况、交易情况就无法计量,公司的法人独立人格与股东的有限责任就成了空中楼阁,难以落地实施和贯彻。与公司有关的金融服务、风险投资、股权转让、公司并购、资本市场、债券发行及破产清算就难以真正出现与执行。

3.1.4 公司制的现在与未来

近 500 年来是世界经济飞速发展的时期,究其原因在于科技、市场经济制度、金融资本市场、全球化等力量的推动,而从微观方面讲,公司制起到了重要的支撑作用。

根据商业进化史,每一次重大科技革命都延展了媒介(包括媒体、金融、货币、信息等),而媒介的延展则促进了人文发展,人文的发展则带来了商业的进化,商业的进化则进了使组织与管理的变革。公司作为商业的基本组织与平台,其进化的路径正是遵循了这样的逻辑与规律。

1. 公司法律形态的进化

公司从无限公司进化到有限公司,有限公司又演变出一人独资公司、有限责任公司、股份有限公司,而从股份有限公司又进一步演变出未上市股份有限公司(一般股份有限公司)、未上市公众公司(股东超过200人的股份有限公司,实践中存在一些特殊的公司与新三板挂牌公司两种情形)及上市公众公司(已上市的股份公司)三种类型。

在公司法律资格取得方面,公司从最初的特许设立发展到注册登记。注册资本从法定实缴到自行约定认缴,越来越向有利于公司设立、不断降低公司设立门槛、促进交易、发展经济的立法宗旨发展。

2. 公司治理宪政化

公司治理越来越宪政化,公司章程就是公司的宪法与组织法。公司法越来越尊重公司内部法律事务的自由与自治,充分赋予公司内部法律事务的意思自治。

在公司治理架构上,公司法已形成股东会、董事会、监事会分权与制衡机制,在此之下形成以经理为核心的经营管理层。在董事会中心制模式下,还形成了独立董事制度,以避免大股东对小股东的利益损害,避免公司内部人控制现象发生。尤其对于上市公司，信息披露与中小投资者（股东）利益保护成为重点。

在实践中，一些公司在发展过程中还演变成无实际控制人的公司、有实际控制人的公司及特殊治理结构的公司等多种特殊形态。

同时，公司从雇主+雇员的模式逐渐形成平台合伙人模式（股权激励、职工持股等），而新科技创业公司则形成创业团队雇用资本的机制与架构，公司从资本家转化为知本家。

此外，公司的模式与边界也不断进化：从重公司到轻公司，从没有任何业务边界的无边界公司到依靠巨大的资源所形成的巨型平台公司与生态公司等。公司变得越来越复杂，法律关系也越来越复杂，与公司相关的纠纷也越来越多。[①]

3.2 三大利益相关者

3.2.1 利益相关者理论

利益相关者理论是 20 世纪 60 年代在西方国家逐步发展起来的，进入 20 世纪 80 年代以后其影响迅速扩大，并开始影响英美等国的公司治理模式的选择，促进了企业管理方式的转变。利益相关者理论的出现，是有其深刻的理论背景和实践背景的。利益相关者理论的关键立足点在于：它认为随着时代的发展，物质资

---

① 参见郭勤贵所著《公司诉讼 36 式》第一章。

本所有者在公司中的地位呈逐渐弱化的趋势。所谓弱化物质所有者的地位，是指利益相关者理论强烈地质疑"公司是由持有该公司普通股的个人和机构所有"的传统核心概念。

利益相关者模型如图 3-1 所示。

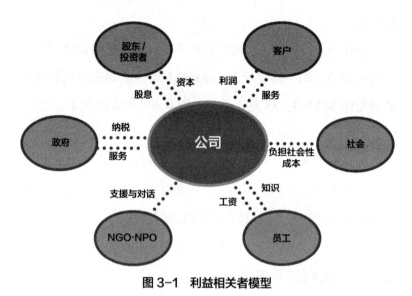

图 3-1　利益相关者模型

"利益相关者"一词最早可以追溯到弗里曼（Freeman）出版的《战略管理：利益相关者管理的分析方法》一书，其中明确提出了利益相关者管理理论。利益相关者管理是指企业的经营管理者为综合平衡各个利益相关者的利益要求而进行的管理活动。与传统的股东至上主义相比，该理论认为任何一个公司的发展都离不开各利益相关者的投入或参与，企业追求的是利益相关者的整体利益，而不仅是某些主体的利益。

彭罗斯（Penrose）在1959年出版的《企业成长理论》中提出了"企业是人力资产和人际关系的集合"的观念，从而为利益相关者理论的构建奠定了基石。直到1963年，斯坦福大学研究所才明确地提出了利益相关者的定义："利益相关者是这样一些团体，没有其支持，组织就不可能生存。"在今天看来，这个定义是不全面的，它只考虑到利益相关者对企业单方面的影响，并且利益相关者的范围仅限于影响企业生存的一小部分。但是，它让人们认识到，除了股东以外，企业周围还存在其他一些影响其生存的群体。随后，埃里克·瑞安曼（Eric Rhenman）提出了比较全面的定义："利益相关者依靠企业来实现其个人目标，而企业也依靠他们来维持生存。"这一定义使利益相关者理论成为一个独立的理论分支。

在此后的30年间，对利益相关者的定义达三十多种，学者们从不同的角度对利益相关者进行定义。其中，以弗里曼的观点最具代表性，他在《战略管理：一种利益相关者的方法》一书中提出："利益相关者是能够影响一个组织目标的实现，或者受到一个组织实现其目标过程影响的所有个体和群体。"弗里曼的定义大大丰富了利益相关者的内容，使其更加完善。显然，弗里曼界定的是广义上的利益相关者，他笼统地将所有利益相关者放在同一层面进行整体研究，给后来的实证研究和实践操作带来了很大的局限性。

克拉克森认为："利益相关者在企业中投入了一些实物资本、

人力资本、财务资本或一些有价值的东西,并由此而承担了某些形式的风险;或者说,他们因企业活动而承受风险。"克拉克森的定义引入了专用性投资的概念,使利益相关者的定义更加具体。国内学者综合了上述几种观点,认为"利益相关者是指那些在企业的生产活动中进行了一定的专用性投资,并承担了一定风险的个体和群体,其活动能够影响或者改变企业的目标,或者受到企业实现其目标过程的影响"。这一定义既强调了投资的专用性,又将企业与利益相关者的相互影响包括进来,应该说是比较全面和具有代表性的。

清华大学经管学院朱武祥教授在定义商业模式时引用了利益相关者的概念,他认为商业模式就是利益相关者的交易结构。

利益相关者的概念有助于我们准确认识和分析公司的组织结构,有助于识别利益相关者,并以他们的利益为核心,去重构公司组织和激励模式。

传统的组织秉持股东至上的原则,认为不断提升企业控股人的收益,增加其财富才是组织管理的重心。在此思维下,企业的行为和决策往往为了获取经济利益,牺牲了诸如社会最优利益等其他方面的利益。而利益相关者理论则打破了这种传统观点的束缚。利益相关者理论的核心观点在于,组织应当综合平衡各个利益相关者的利益要求,而不仅专注于股东财富的积累。企业不能一味强调自身的财务业绩,还应该关注其本身的社会效益,如近年来的ESG。企业管理者应当了解并尊重所有与组织行为和结果密切相关的个体，尽量满足他们的需求。根据利益相关者理论，将各利益相关者纳入组织决策，既是一种伦理要求，也是一种战略资源，而这两点都有助于提升组织的竞争优势。Sirgy 提出将利益相关者细分成以下三类。

（1）内部利益相关者，包括企业员工、管理人员、企业部门和董事会。

（2）外部利益相关者，包括企业股东、供应商、债权人、本地社区和自然环境。

（3）远端利益相关者，包括竞争对手、消费者、宣传媒体、政府机构、选民和工会等。

利益相关者理论的核心思想在于，一部分由股东掌握的企业决策权力和利益，应该移交到利益相关者的手中。

Kaler 就利益相关者理论进行类型学分析，并归纳出以下两种可能的理论类型。

（1）企业对股东和非股东都负有完全责任。

（2）企业对股东负有完全责任，对非股东负有部分责任。

3.2.2　公司制中的三大利益相关者

依据上述利益相关者理论，公司制中最关键、最核心的三大利益相关者如下。

第一大利益相关者，也是最重要的利益相关者，是股东。有限责任公司制度明确规定股东根据出资额享受对应的权益，同时其不负担除出资额之外的其他责任。股东包括发起人股东（原始股东）、投资者股东（在公司不同融资阶段进入的投资者，包括战略投资、财务投资等）、继受股东（继承或受让获得）及激励计划的股东（主要是员工）。股东是以出资额为限而承担有限责任的自然人或法人。股东可能参与公司管理，也可能不参与公司管理。参与公司管理的股东具有双重身份，既是公司股东，也是公司员工。

第二大利益相关者是员工。员工分为普通员工和高管。高管是公司经营班子的重要成员，是公司经营管理中最重要的人员，其与公司的成长密切相关。

第三大利益相关者是用户。用户事关公司的存在价值，如果没有用户购买公司的产品或服务，公司就没有存在的价值。

股东、员工、用户，这是（有限责任）公司最为核心的三个利益相关者。除此之外，公司的利益相关者还有竞争者、政府管理部门、债权人、供应链上/下游合作方等。但无疑，上述三类主体是公司最为重要的利益相关者，决定着公司的组织、架构、利益结构与激励模式。

3.3 三边博弈

股东、员工、用户这三个利益相关者之间始终存在不一致的冲突性。这三者究竟应该如何排序？这是变动的，且没有固定的模式，取决于公司的发展阶段、公司的业务类型及公司注册地的文化。

虽然从某种意义上来说这三者有共同的利益追求，但是他们对目标的理解和期望值，以及对路径的理解和期望值，经常存在不一致和冲突。核心利益相关者之间首先存在信息不对称现象，其次存在冲突，而冲突包括目标冲突与利益冲突。所谓目标冲突，是指对公司的发展目标、社会责任、使命与愿景、价值观等存在分歧。所谓利益冲突，是指对公司的经营目标、经营策略、利润分配、融资、并购等涉及利益的问题存在不一致认识。

公司制中的三大核心利益相关者——股东、用户、员工之间的目标与利益往往可能不相容，他们之间的信息有可能不对称，这就是现在公司制的架构与问题所在。[①]

上述三大利益相关者之间的冲突始终处于变动的状态，三者之间的冲突类似三边博弈。

从公司与商业发展史中可以看到，三者之间存在一个变动的关系，这个关系逐渐趋于均衡或平衡，这是三边博弈的结果。三边博弈过程大致分为如下三个阶段。

3.3.1　以股东为中心的时代——资本时代

从公司发展史看，公司始于大航海时代的商业冒险，在这

---

① 参见中欧商学院龚焱教授《公司制的黄昏：时代动力与明天思维》一文。

个时期，商业风险巨大，资本处于商业发展与竞争的核心位置，是最重要的要素，这也是资本主义的起源。在资本成为最重要的商业要素的时代，敢于拿出真金白银从事商业冒险的公司股东，成为公司最重要的、最核心的风险担当者、利益分享者及管理经营者。

在这个时代，产品与服务稀缺，就业机会稀缺，因此，无论为公司打工的员工，还是产品与服务的购买者，相比作为资本家的公司股东，都处于次要的位置及弱势地位，这使股东成为公司最重要的利益相关者。这个时代的公司完全以股东利益为中心，基本忽略员工及用户的利益。在三边博弈中，员工处于劣势，用户是被动的，基本被忽视。在这个时代，作为资本家的股东不仅出资冒险，而且进行企业管理，组织各种要素，进行研发与销售，其提供的价值绝非简单的资本，还有更重要的管理经营价值。

3.3.2 股东让利于员工的时代——股权激励时代

从工业时代进入智本时代后，技术在商业中越来越重要，掌握技术、知识的人成为科技企业最重要的资源，同时，面对激烈的市场竞争，企业管理也越来越重要。在这个时代，拥有核心技术/知识的员工及拥有管理运营能力的员工成为公司的宝贵资产，决定着公司的成败。资本不再是稀缺的东西，而拥有优秀技术团队＋管理销售团队的好项目才是稀缺的资产。于是，智本与资本结合，智本雇佣资本的现象出现，这一现象出现于美国西海岸，硅谷的形成正是基于此。拥有技术与创意的团队可以通过不同阶段的融资获得冒险资金，进行创业，这就是高科技公司的创业之路。

同时，传统企业也出现了变革，虽然变革不及这些科技公司来得猛烈，但是在激烈的商战与市场竞争中，传统企业的股东为了吸引人才、留住人才，在提高员工薪酬待遇的基础上，开创了一种全新的模式，这就是员工持股及股权激励，即通过各种激励模式使核心员工成为股东或分享股权利益。这就是股东让利于员工的时代，这个时代就是股权激励的公司时代。

3.3.3 股东、员工让利于用户的时代——以用户为中心的时代

随着互联网科技的发展，商业发展从产品时代、渠道为王时代进入流量时代、用户时代及内容时代，无论流量、内容、产品还是用户，其实质都是用户为王，要重视用户的体验和价值，注重用户的参与和互动。得用户者得天下！

在这个时代，用户不仅是被动的消费者，而且成为商业生态的重要构建者，尤其是以微博、微信为主的社交媒体，以及以抖音、快手、视频号为核心的短视频，其内容与流量均由用户创造，没有用户的消费和创造，就没有它们。

3.4 网络时代商业的进化：产品—渠道—用户

1995年以后，各行各业出现非常经典的"马太效应"，即强者愈强，弱者愈弱。在网络时代，这一现象愈演愈烈。在网络经济时代，形成典型的老大效应或三国杀效应，在该效应下，"寸草不生"。

1995年之前，实体经济企业的主要特点是对有形资源的加工和再加工。这个阶段的核心驱动力是规模效应。即企业越大，单位成本下降就越多。但规模效应是有边界的，当企业规模大到一定程度时，沟通成本、管理成本和协调成本不断增加，并且增加的部分超过了规模加大使成本降低的部分，于是规模的经济性变为规模的不经济性。由此可见，规模效应是有拐点的，在规模效应驱动的时代，有一个所谓的"大数定律"，即企业的规模是如此之大，以至于企业规模使增长速度不可能远超行业的平均增长速度。

1995年之后，商业领域又出现了一个新的驱动轮子——网络效应。网络效应是指每增加一个新的用户，这个新用户的增加将导致原有 N 个用户的价值都会增加。这是因为网络价值与网络效应带来了"马太效应"。

梅特卡夫定律指出，一个网络的价值等于该网络内的节点数的平方，而且该网络的价值与联网的用户数的平方成正比。由此推导出，网络效应的出现会使跑在前面的企业变得越来越强大，越来越难以追赶，最终形成赢家通吃的竞争格局。这就解释了互联网科技公司中的头部公司因为老大效应而带有天然的高集中度和超级垄断力。

在网络时代，网络科技巨头采取了一种传统企业无法想象的发展模式，即疯狂烧钱补贴用户，培养用户习惯，创造用户需求，汇聚用户与流量，然后逐一摧毁线下各个环节以及网络竞争者，形成垄断力之后，再获得巨大的垄断利益。这就是网络时代的网络价值、网络效应所带动的"马太效应"。

在一个强网络效应行业中，勇于放弃往往是一种美德。勇于放弃，拿着资源找到下一个能够建立网络效应优势的战场（不是每个行业都存在强网络效应）。

纵观半个世纪以来的商业进化史，从20世纪50—70年代的"制造为王"、20世纪80—90年代的"渠道为王"，发展到2000年之后的"用户为王"。互联网技术摧毁了买方和卖方之间天然的信息不对称，定价权从卖方转移到买方，这也是"马太效应"的第一个动因。

从世界范围看，每过20年，上市公司市值20强都会重新洗一次牌，真可谓"三十年河东三十年河西"。这就是周期的力量，这些头部企业只有两类，一类是地球改变不了的企业，这些企业可以穿越牛熊；另一类是可以改变地球的科技企业。

那些曾经站在舞台中心的企业，从当年以资源加工和再加工为主的实体经济企业转变成渠道企业，再变成以用户为中心的互联网企业或新经济企业。

3.5 以用户为中心

如前文所述，在股东、员工及用户三边博弈的三个阶段中，第三个阶段向以用户为中心转移，利益逐渐由股东向员工及用户转移和分配。如果用户在这个三边博弈的天平里面有着越来越大的权益，并且以用户为中心的趋势愈演愈烈，则会产生以下三大趋势。

（1）如果用户有越来越多的权力，并且定价权转向用户是不可逆转的，那么传统的模式（由制造商向用户推送）会转变成由用户向制造商拉动的模式，也就是 M2C 模式转变成 C2M 模式。以个性化为主的定制权将会从边缘成为主流。

（2）如果用户拥有越来越多的权力，数据中心化模式将不可避免地转变为数据自主权模式，数据中心化模式的典型代表就是脸书（Facebook）。如今，一批"反脸书"的模型——新的模式和新的创业公司正在崛起，它们将从边远走向主流。

（3）当用户被赋予更多的权力，并且用户越来越站在舞台的中心时，我们会看到一个新模式出现，即从"三边博弈"成为"三位一体"。用户不但需要企业提供好的产品和服务,还需要获取企业利润的一部分,在某种意义上用户会成为企业的股东,甚至用户有可能成为企业不付钱的员工。[①]

3.6　分布式商业时代的 DAO

根据上述三个趋势,在以用户为中心进一步强势的时代,用户不仅是消费者,而且成为内容的创造者、传播者、分享者,成为商业的中心。无用户不生态!在此模式下,在中心化网络巨头的时代以产品服务捆绑用户,盘剥用户创造的内容、流量,无偿占有创造的广告收入,并滥用用户数据的模式将被逐渐颠覆。

于是,我们看到微信公众号衍生了很多创业者,抖音、快手及视频号都成为用户创造价值的平台,而非平台独占利益。

更具颠覆性的是去中心化网络。基于区块链技术形成的去中心化网络直接颠覆了中心化网络巨头,形成了交易成本为 0、信任成本为 0 的正向自驱动模式,这种商业模式即分布式商业模式,在该种商业模式下,一种新的组织——DAO 诞生,它取代了公司。

---

① 参见中欧商学院龚焱教授《公司制的黄昏:时代动力与明天思维》一文。

第 4 章

如何从0到1打造一个成功的 DAO
——DAO 的技术实现

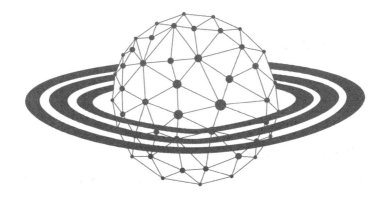

在了解了 DAO 的相关基础知识以后，本章将介绍如何从 0 到 1 地发起、建设和治理一个 DAO。"实践出真知"，只有自己亲自上手，才有可能对其运行机制建立深入的理解和认知。下面就请和作者一起循序渐进地完成建立 DAO 的每个必要步骤。为了便于理解，本书把这些步骤分为三个主要的阶段：DAO 的谋划、DAO 的建立和 DAO 的运营。

4.1 DAO 的谋划阶段

4.1.1 从为什么开始
####——明确建立 DAO 的目的和必要性

在准备开始写代码，或者注册、使用用于建立 DAO 的工具之前，首先需要周密的谋划工作，即要确定打造 DAO 的目的。并非每个组织或项目都适合采用去中心化的组织形式。必须有的放矢，不能"拿着锤子找钉子"。

著名投资公司 a16z 在关于建设、运营 DAO 的文章中指出：

"每当DAO表现好的时候,就会引起业界的大量热情。大家都希望将它应用于每个组织、社区或项目,但通常它并不是最好的组织方式。"

这并不是说不要开始,而是要确保这样做是出于正确的目的。下面整理了一份自查清单,供读者参考。虽然不需要回答每个问题,但是在启动之前,应该对每个问题有所了解。只有对这些问题都了然于胸、有所准备,才能真正地解决"为什么"这个首要问题。

DAO自查清单如下。

(1)希望DAO能做什么?短期和长期愿景又是什么?

(2)组织是否真的需要一个去中心化的、非等级化的所有权结构?

(3)DAO将如何制定决策?

(4)当前行业中所面临的"痛点"问题,是否可以通过DAO来解决?

(5)DAO会让社区、用户和客户都受益吗?

(6)可以在不设立DAO的情况下开展业务吗?

(7)以前有人做过类似的事情吗?

(8)有无足够的研发和运营人员负责建立和运营DAO?

(9)社区成员在这个计划中的DAO里扮演什么样的角色?他们/她们是否具备这样的能力?

如果在回答这些问题的过程中,发现所要达到的目的并不一定通过DAO才能实现,或者没有为建立DAO做好足够的信息、资源和能力准备,就不宜继续执行以下步骤。换句话说,只有在对目的有了充分认识,也对可能面临的挑战有了足够准备以后,才可以继续考虑建立DAO。

4.1.2 确定DAO的类型

根据目标的不同,可以把DAO应用分成七大类,分别为协议型DAO、投资型DAO、赠款型DAO、服务型DAO、媒体型DAO、社交型DAO和收藏型DAO,如图4-1所示。

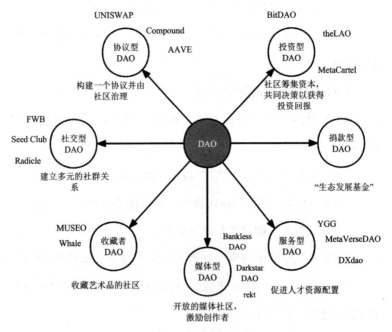

图4-1 DAO的类型

应当根据不同的应用场景与商业目标确定需要建立的 DAO 的类型，因为不同的 DAO 类型，对应不同的智能合约及激励机制，也可能涉及是否需要监管及监管的方式。例如，如果发起设立的 DAO 是投资型的，就应借鉴目前比较成功的投资型 DAO 的模式及运作方式，并进行优化。

4.1.3 确定 DAO 的激励机制

一旦明确了希望用 DAO 实现的目的和希望构建的 DAO 类型，接下来就需要从战略角度，考虑 DAO 对社区成员的激励机制，因为这将会影响成员与社区之间的关系和 DAO 的长期发展。从一开始就做好这一点，将有助于有效地筹集资金和提高支持率。

我们需要吸引更多人才加入 DAO。他们可以选择全职或兼职，每周花费多少时间在 DAO 上也可以由他们自己决定，但是要让他们为了一个目标而积极参与到社区的建设中来，就需要 DAO 设立利益相关的激励措施。如果将纳什均衡理论作为 DAO 组织激励方式的参考，我们可以思考以下两点。

（1）对于个体来说，加入这个 DAO 对我来说有什么好处？现在的激励是否可以吸引我？未来我是否还会有动力继续为 DAO 服务？

对于 DAO 社区来说，需要考虑的是新成员的加入可以为社区带来什么好的"影响"；作为社区的一分子，社区的发展可以为个体成员带来什么好处，这也需要规划将来的发展潜力。

一般情况下，在 DAO 社区中没有绝对的"领导者"，如何制定和验收阶段任务需要成员的积极参与，而这其中最核心的环节就是激励机制的设计，而这也是很多 DAO 需要不断改进和完善的地方。治理的权力、对贡献的奖励以及利润的分配可以激励成员积极参与治理，进而促进社区的蓬勃发展。

在谈论 DAO 的激励模式前，不妨先回顾一下传统上市公司的薪酬体系。常见的体系为基本工资＋年终奖＋股权，公司会定期根据员工的表现和能力来调整。为了提高员工对公司未来的预期和提高优秀人才的留存率，一般会将大比例的薪酬分配到股权上，并且设置好归属期；对于激励员工完成短期目标的公司，则可以将年终奖作为最大比例的薪酬分配。

如果将上市公司的薪酬体系映射到 DAO 中，最有效的便是"股权"的运用，呈现方式为持有原生的 DAO 通证。

由此可见，DAO 通证可用于：奖励和激励；治理和方向的投票；为社区释放其他的利益和机会；让社区用户真正融入组织，并成为其发展的积极参与者。

（2）这个 DAO 是如何治理的？我如何参与治理？

虽然 DAO 通证不一定需要授予治理或投票权，但在许多情况下，对关键问题的投票权还是在于社区。

大部分DAO都是免费进入的，成员可以选择进入感兴趣的DAO。当想参与这个DAO的核心治理时，一般来说需要时间和精力的贡献，当"经验值"达到某个水平时，就可以申请参与治理。

就像公司一样，DAO其实也有"管理层"这一说法，其主要的作用是更加高效地协调和管理DAO的运作。取得治理权力就意味着对于DAO的日常事务可以进行决策，这种方式可以让成员真切感受到社区的发展方向是通过每个人的决策产生的。通过合理地使用投票工具，社区成员不再是旁观者，归属感和"权力"能够为他们提供精神上的满足感，从而使他们愿意为DAO的发展作出贡献。

治理权力的获得因DAO而异，社区成员通过通证投票参与直接管理的DAO可以通过支付DAO的原生通证来获得回报；而采用非通证治理机制的DAO（如MolochDAO）将在如何分配治理权方面给予社区成员更多的选择。

例如，ENS社区投票罢免了ENSDAO的运营总监，因为他几年前在社交媒体上发表了对DAO具有伤害性的言论。社区对此人是否应该继续留在团队中进行了投票，最终作出了决定。

4.1.4　确定DAO通证的供应、分配和奖励机制

在选择通证作为激励机制的情况下，首先需要确定通证的

总体供应数量。虽然在不完全了解目标的情况下，没有绝对正确或错误的答案，但是为了避免选择过高的初始通证供应，需要谨慎设定一个符合需要的初始值。

除了设置初始通证的供应，通证分配同样非常重要。既要适当地奖励社区成员，又要确保在社区金库中有足够的资金，这需要保持微妙的平衡。这和一家初创企业一样，既要确保有足够的运营资本来实现自己的业务目标，又要回报早期的投资者和用户。

因为 DAO 是一种新兴的组织形式，很多项目都在尝试用新的方法分配通证，以起到不同的激励作用。例如，在某些情况下，Uniswap 通证的持有者可以通过投票决定协议收取费用并分配给自己。在 Compound 等协议中，通证持有者则可以投票决定是否将收入用于平台漏洞的修复和系统升级。

同企业一样，只有建立积极、有效的通证分配机制，才能够对所有各方都起到正面的激励作用，保障整个组织的可持续发展。

4.2　DAO 的建立阶段

4.2.1　建立一个 DAO

一旦确立了 DAO 的目的、类型和激励机制，就可以着手创建 DAO 了。虽然 DAO 初创团队可以选择自己开发系统，不过市面上目前已经有了不少 DAO 工具和模板可供使用，它们的功能包括铸造 DAO 通证、对团队进行管理、为社区成员提供服务等。

具备这些综合功能的一体化工具一般称为"DAO 操作系统"，它们为用户提供标准的治理工具、UI 界面，让用户无须编程就可以轻松启动一个 DAO。它们通常还提供了一些标准化的治理智能合约、外部应用集成接口，以及参与治理的 UI 界面，以实现去中心化的链上治理。DAO 操作系统目前有 Aragon、DAO Stack 和 Daohaus 等产品。

下面以 Aragon 为例，演示如何打造一个 DAO 框架。Aragon 是一个建立在以太坊上的去中心化治理平台，为企业和组织提供了一种模块化的方式来创建和管理 DAO。以其核心应用 Aragonclient 为例，其应用层主要分为权限设置（规范谁可以执行某项操作，划分权限）、通证管理（发行和管理 DAO 通证）、投票功能和金库管理（管理用于在 Aragon 上创建 DAO 组织的资金）。四个应用组合在一起，就足以运营一个基本的 DAO。

第一步，访问 https://aragon.org/，单击"Create your DAO"（创建你的 DAO）按钮，如图 4-2 所示。

(a)

(b)

图4-2 创建DAO

第二步，选择一个模板，包括企业（根据股权投票）、社区（一人一票）、声誉群体（根据声誉获得投票资格）等。本例选择 Membership（社区）模板，如图 4-3 所示。

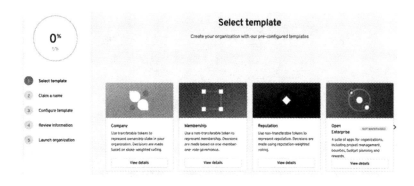

（a）

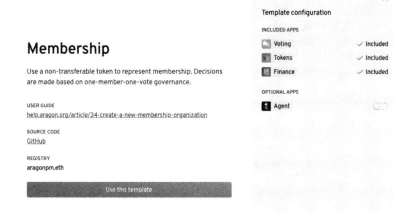

（b）

图 4-3　选择一个模板

第三步，设定 DAO 的名称，本例暂用"daotest2022"作为名称，如图 4-4 所示。

图 4-4　设定 DAO 的名称

第四步，设定投票的基本准则，设定通过比例（默认为50%，即在所有参与投票的票数中，只要50%支持 YES，就可以通过决议）和最小批准比例（默认为15%，即参与投票的票数在总票数中所占的比例达到15%时决议才算有效），再设定一个投票期限（1天之后投票结束），如图 4-5 所示。

图 4-5　设定投票的基本准则

第五步,设定通证的名称和代号,再决定给谁发送初始通证,如图4-6所示。

图4-6　设定通证的名称和代号

第六步,检查所有信息,单击"Launch your organization"按钮,就可以创建一个属于自己的DAO,如图4-7所示。

图4-7　单击"Launch your organization"按钮

到这里，DAO 就通过 DAO 软件（如 Aragon）创立成功了。

第七步，回到初始界面，或者直接进入 https://client.aragon.org/，输入已经创立的 DAO 名称，就可以进入管理后台。左侧的三个 Tab 依次代表了通证管理、参与投票和金库管理，如图4-8所示。

图4-8　进入管理后台

往金库转钱很简单，单击"New transfer"按钮，选择"Deposit"（存钱）选项即可。任何人都可以往金库转钱，不需要批准。转出则相对较为复杂。如果单击"Withdrawal"（取钱）按钮，系统就会提示需要发起一个投票。于是，一个名为"Finance: Create a new payment of 0.01 ETH to ××地址"的投票就生成了，如图4-9所示。这实际上体现了 DAO 的一个重要特点：资金的使用必须由成员共同决定。

在左侧"Voting"（投票）栏目中对这个提案进行投票，如图4-10所示。注意，这个投票的特殊之处在于，它和转账操作是连在一起的，也就是投票一旦通过，不需要出纳或者任何其他人，转账操作自动生效。

图 4-9 生成投票

图 4-10 对提案进行投票

这时在区块链浏览器上就可以看到自己的账户下出现了一笔交易，即调用了智能合约的 vote 函数，该函数传入的三个参数如图 4-11 所示。

图 4-11 查看交易

这意味着这个账户对于第 0 号决议投了赞成票，同时根据智能合约的设置，投票通过后，立刻执行了转账操作。

关于投票流程，可以参考 Compound 的决议页面（https://compound.finance/governance/proposals/），这里列出了它的所有

决议投票情况，如图4-12所示。

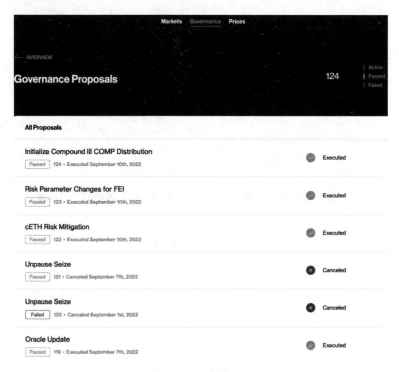

图4-12 决议页面

例如，查看第124号决议，如图4-13所示。

以上是使用Aragon创建和管理DAO的示例。其他比较受欢迎的以太坊DAO工具还包括以下几种。

（1）Colony：即插即用的DAO平台。

（2）Syndicate：专门用于启动投资DAO的工具。

（3）OpenLaw：快速创建适用于以太坊的法律文件。

（4）DAO Stack：用于启动DAO的模块化开源工具套件。

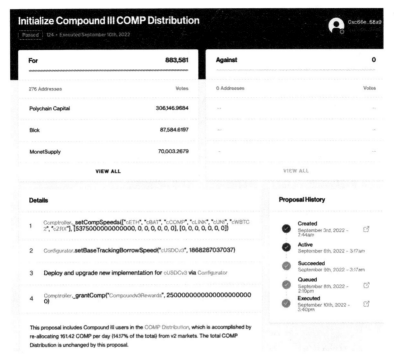

图 4-13　查看第 124 号决议

（5）Orca：帮助去中心化组织设计"以人为本"的协议。

当配置好 DAO 后，下一步就是对 DAO 资金工具进行设置，这样就可以有效地管理通证、筹款和进行大规模资金操作。

4.2.2　管理 DAO 资金库

在完成了 DAO 的设立、原始通证的供应和分配后，需要考虑如何在 DAO 内安全地管理资金。

与传统企业一样，DAO 需要集体控制用于支付运营费用和战略投资的资金库。为了确保 DAO 的资金安全,需要用一些资金管理工具来确保任何一方都不能单方面决定如何使用资金,让资金真正归 DAO 所有。

目前,Gnosis Safe 是保护 DAO 资金安全性和使用"多重签名"钱包的行业标准。"多重签名"钱包要求多人在交易执行前进行签名。Gnosis Safe 自 2017 年就开始在以太坊生态系统内提供安全解决方案,而且一直在社区中非常活跃。

除了 Gnosis Safe 及其 DAO 的治理工具包 SafeSnap 之外,以下还有一些很受欢迎的以太坊 DAO 资金库管理工具可供参考。

(1) Parcel:一种高效的财务工具,包括付款、工资单和申请。

(2) Multis:基于 Gnosis Safe 构建的多合一 DAO 资金管理工具包。

(3) Coinshift:基于 Gnosis Safe 构建的支出和会计、"多重签名"工具。

(4) llama:DAO"多重签名"钱包 DApp。

(5) Superfluid:用于管理订阅、工资和现金流的 DAO 工具。

(6) Juicebox:DAO 筹款平台。

(7) Utopia:资金运作工具,包括支付、会计和报告。

(8) Request:DAO 的付款、工资单和会计工具。

虽然 DAO 在启动之后还可以更换资金管理工具，但建议最好从一开始就选择一个最合适的工具。这有助于确保资金的安全，并在需要时有效地分配资金。

4.3　DAO 的运营阶段

4.3.1　DAO 的治理

目前 DAO 的治理分为链上治理和链下治理。链上治理的特点在于投票和结果执行完全去中心化，链下治理更多地依靠工具实现社区对开发团队的弱约束。项目往往在初期会采取链下治理的方式，决策的集中会使项目发展具有更大的灵活性。但随着项目的成熟与功能稳定，项目会转向完全去中心化的链上治理，真正实现代码约束下的自治。

1. 链上治理——完全由社区控制的规则

链上治理通过智能合约实现去中心化的决策执行，参与者的投票结果将直接影响智能合约，并不受任何主体影响。执行投票的目的是批准或拒绝对系统状态的更改。每种投票类型都由智能合约管理，提案合约是通过编程的方式写入一个或多个有效治理行为的智能合约，任意以太坊地址都可以部署。通证持有人以投票形式决定是否执行提案，投票通过后自动执行提案程序，如图 4-14 所示。

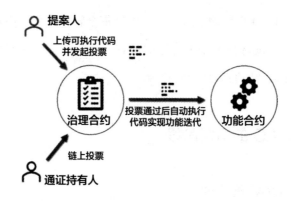

图 4-14 链上治理

在这种治理框架下,项目的治理是完全去中心化的,其特征是代码开源,资产自由流动,人员自由贡献,社区投票表决、治理结果执行不受干扰。

2. 链下治理——通过工具实现的权力制衡

链下治理是指社区通过链下方式实现治理和结果执行,一般使用各类工具实现社区与开发团队的权力制衡。

(1)投票并存证上链,由开发团队根据投票结果进行开发。链下投票,投票结果存证上链。以目前最主流的投票应用 Snapshot 为例,Snapshot 对用户链上投票权建立"快照"(得益于区块链数据的开放性),并根据项目治理规则让用户在链下实现投票,大大节省了合约交互所需要的手续费。同时,Snapshot 会将详细的投票结果报告上传到去中心化存储网络中,从而保证任何人无法修改投票结果。项目管理团队再根据投票结果执行。不过，这种约束是一种软性约束，需要项目管理团队遵循投票结果。

（2）社区核心成员通过"多重签名"钱包管理社区资金库，并公示资金库地址以使其受社区监督。"多重签名"钱包和普通的区块链钱包相似，不同的是"多重签名"钱包有多个钱包密钥的拥有者，在执行资金划转任务时，需要多个密钥才能顺利转移资金。"多重签名"钱包的签名权限往往会给予三名以上社区认可的团队核心成员，相互形成制约，同时这些成员往往在社区中拥有较高声誉，大部分都会实名认证。目前最主流的"多重签名"钱包是 Gnosis Safe，上文所述的 Gnosis Safe+Snapshot 治理模式，就是以这两种工具作为治理基础的。

（3）社交网络工具实现信息同步。Discord 是 DAO 使用的最主要的社交网络工具。虽然讨论组并不直接关系到项目的治理决策，但对于去中心化项目来说，当前去中心化治理中的重要一环是信息透明度和公正性。项目方的沟通渠道直接决定了去中心治理中的信息扩散透明度，因此也应被视为去中心化治理的重要一环。大部分项目都会同时采用多种社交媒体进行社区沟通。这些社交应用也在适配区块链 DAO 组织所带来的新需求。

DAO 的治理框架主要集中于"如何协调"以及"如何决策"两个核心步骤。针对"如何协调"的问题，可粗略地分为链上提案治理和链下提案治理，而我们知道 DAO 目前的核心决策方式是投票，那么"如何决策"的问题则重点解决采用何种投票机制。

链上提案治理是 DAO 的治理中最基本的环节，采用智能合约实现去中心化的治理流程，将治理机制写入代码，通常会通过通证持有者投票来决策。而链下提案治理则是一种辅助手段，通常在链下进行非正式的社区讨论，避免过多占用链上资源。

DAO 的投票机制中最为简单的就是"一通证代表一票"（1T1V），但这个投票机制本身有不少缺陷，需要长期持续迭代。传统意义上，一个去中心化社区要通过治理方案，理论上需要超过 50% 的通证持有份额者通过。这就导致几个问题：不是所有方案参与者都有兴趣参加（尤其是通证持有份额较低的人）、参与投票的人经验不足（乌合之众多而有能力者没有发言权）、提案在通证投票机制中没有轻重缓急之分、投票效率低等。

总而言之，治理是让成员和通证持有者直接参与 DAO 决策的过程。为了有效地管理一个去中心化的组织，DAO 必须为其通证持有者提供一种可信赖且可操作的方法，以对关键问题进行投票，包括资金如何分配、使用和调拨。

现在最流行的以太坊 DAO 工具包括以下几种。

（1）Snapshot：提交治理提案并进行投票的平台。

（2）Tally：链上 DAO 治理提案的查看、投票和委托投票工具。

（3）Sybil：Uniswap 构建的链上治理和委托工具。

（4）Commonwealth：用于讨论、投票和资助的一体化平台。

（5）Boardroom：无缝 DAO 的治理工具包。

（6）Paladin：存入、借出和管理治理通证的工具。

提出改进建议、讨论决策及对重要决策进行投票是 DAO 运营的核心。对于 DAO 来说，一个让成员可以就关键问题进行提议、审查和投票的工具是必不可少的。

4.3.2 建立社区

虽然从理论上讲，可以使用互联网工具在短短几分钟内创建一个 DAO，但事实上几乎每个成功的 DAO 都源于一个活跃的社区。因此，建立、运营一个活跃的社区应该是 DAO 的首要任务。如果决定建立一个 DAO，社区将是成功的决定性因素。

在组织成员分散在世界各地的情况下，有效的互动和沟通就显得尤为重要。为此，DAO 需要建立多层次、多平台的交流渠道，充分利用各种新媒体的作用，推动社区成员的互动。

最受欢迎的 DAO 社区建设工具包括以下几种。

（1）Discord：国外团队交流的主要场所。

（2）Discourse：适用于 DAO 和 Web 3.0 初创公司的可扩展论坛平台。

（3）Signal：重视隐私的人首选的私人信息应用。

（4）Medium：博客发布平台和自托管博客的替代品。

（5）Mirror：文章发表和筹款平台。

（6）Collab.land：用于创建仅限 DAO 成员的 Discord 频道的通证工具。

（7）MintGate：一个基于以太坊的平台，用于构建通证登录页面。

4.4　DAO 存在的问题和改进

根据过去 DAO 的表现，目前在 DAO 的治理中会出现五个问题。

1. DAO 的治理的正确性问题

群体决策是否优于中心化决策，也就是通过 DAO 的治理能否让项目选择正确的方向是一个难以判断的问题。去中心化治理可以集中群体智慧，但中心化的决策也会在任务分配上更有头绪，对于不同项目的不同发展阶段，可能适合的路线也不同。例如，Synthetix 在 DAO 的治理上遇到了问题，原本已经退出决策的创始人不得不回归继续担任负责人。Synthetix 创始人 Kain 将决策权交给斯巴达委员会（由 8 人组成，用于决策协议参数和机制），而且没有在委员会任职。然而在权力交接没有核心领导之后，出现很多新的问题且在 DAO 的管理权之外没有人负责，因此影响了 Synthetix 的发展。为了解决这个问题，核心参与者在退出后，一般要继续留在 DAO 中引导决策，或者扩大治理规模。

2. 治理的"搭便车"问题

在实际治理中，只有很少一部分人参与投票，然而所有人都能享受到治理带来的收益，这是DAO系统中的"搭便车"问题。不仅如此，参与治理的人反而会因为锁仓通证受到制约和损失。"搭便车"问题是一种社会心理导致的问题，没有解决的方法。通过奖励参与者可以鼓励治理行为，例如，对锁仓投票的参与者发放通证奖励。

3. 治理的去中心化程度

DAO的治理的目标是实现最大程度的去中心化，将管理权交给所有参与者。但是在DAO的治理中，不可能采用完全链上的方式，提案内容必然会在论坛或社交媒体中讨论，曾经的负责人或社区核心人物必然会影响社区选票，他们所提的提案会受到更多关注和支持，这会影响社区的去中心化程度。

链上治理的规则是写入智能合约的，但无法减小链下的影响力。尤其在投票率低的情况下，投票结果很容易受到链下中心影响。这些中心往往是拥有通证最多的人，如果项目受到中心化影响，那么他们是受损最大的人。通过多中心的相互制约，也可以限制中心化趋势。

4. DAO的安全性

由于链上治理需要通过智能合约，智能合约的安全性会影响DAO。如果智能合约出现漏洞，则会影响DAO的使用，甚至造成重大损失。The DAO是以太坊上首个作为DAO应用的平台，是一个融资类平台。用户将以太币存入智能合约以换取 DAO 通证，这些众筹来的以太坊用于为其他需要融资的项目提供资金。DAO 通证的持有人决定投资的分配，并获得投资回报。但 The DAO 项目在上线之前就遭到了黑客的攻击，黑客通过智能合约的漏洞偷走了已经募资的 360 万枚以太币。The DAO 因此名誉受损，也没能再次开展正常的治理。

5. DAO 的监管问题

上文中提到，在进行 DAO 的治理时，需要发行通证并使用通证进行投票，通证的价格与系统价值相关，通过将经济利益与治理者绑定来避免治理者作恶。而其中的发行通证环节可能触发监管问题。美国证券交易委员会在 2017 年 7 月曾发布对 The DAO 事件的调查报告，指出 DAO 通证属于证券法中证券的定义。如果发行通证没有获得发行证券豁免，且被监管方判断为证券属性，这将对整个项目造成重大打击。

第 5 章

DAO 是怎么制定决策的
——DAO 的治理机制

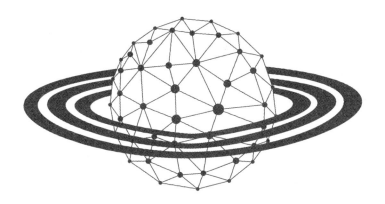

5.1 去中心化自治组织

　　理想的去中心化自治组织被描述为一个生活在互联网上且能够自治的实体。这个实体目前还依靠人的参与来完成自动机制无法完成的某些任务。还有一种说法也比较容易理解：DAO 可以被描述为一个带有资本的组织，其中软件协议为其操作提供基础功能，将自动化置于其核心，将人的参与置于其边缘。DAO 包含有价值的内部属性，并且有能力使用该属性作为奖励某些活动的机制。DAO 是以某种内部规则为自己作出决定的事物，因此不会受到某个个体的控制，这是 DAO 的价值所在。

　　人工智能是完全自主的，而 DAO 仍然需要人类根据 DAO 定义的协议进行专门交互才能运行。

　　DAO 相当于自动化在中心，人类在边缘。因此，总的来说，将比特币和 Namecoin 视为 DAO 是最有意义的。没有内部资本的 DAO 就是 DA，没有内部资本的组织就是论坛，如图 5-1 所示。

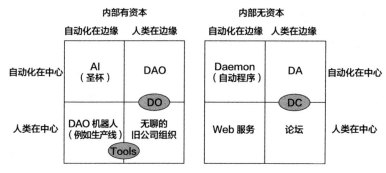

图 5-1 DAO 象限示意

DAO 通常是非营利的,虽然可以在 DAO 中赚钱,但要做到这一点的方法是参与其生态系统,而不是向 DAO 本身提供投资。不过两者的区别经常是比较模糊的,DAO 内部也可以拥有资本,它们的区别更像是一种流动性的区别。

5.2 DAO 的治理

拥有资金和众多成员的社区 DAO 需要一种方法来作出集体决策。通常,在群聊中达成粗略的共识,治理投票只是一种形式,只不过看看谁投票,他们有多少投票权,以及他们投票支持什么。此外,大多数社区 DAO 授权由 5~10 名成员组成的小型、专注的团队拥有特定的工作流,而不是要求每个小决策都进行治理提案。这是当下 DAO 的治理框架。DAO 的治理是一项重要内容,分析如下。

5.2.1 DAO 的治理内容

DAO 的治理内容一般包括三种。

（1）集体资产所有权和管理：DAO 的公有资产应该像公司一样运作，考虑资产和负债、流动性、收入，以及在哪里分配金融资源。

（2）资产风险管理：波动性、价格和其他市场状况需要持续监控。

（3）资产管理：从收集的艺术品到借贷的抵押品，所有 DAO 资产都受益于围绕策展的目标和流程。

5.2.2 DAO 的治理方案

在去中心化治理中，随着发展的探索，形成了如下治理方案。

1. 有限治理

有限治理是限制代币驱动的治理可以做什么。通常有如下几种方法。

（1）仅对应用层使用链上治理，对基础层不采用链上治理。以太坊已经这样做了，因为协议本身是采用链下治理，而在此之上的 DAO 和其他应用程序有时采用链上治理。

（2）将治理限制为固定参数选择。Uniswap 这样做，因为它只允许治理影响代币分配和 Uniswap 交易所中 0.05% 的费用。另一个很好的例子是 RAI 的"非治理"路线图，随着时间的推移，治理控制的功能越来越少。

（3）添加时间延迟。在时间 T 做出的治理决策仅在一定时间后生效。这允许认为该决定不可接受的用户和应用程序转移到另一个应用程序。

（4）对分叉更加友好。让用户更容易快速协调和执行分叉。这使捕获治理的回报更小。

Uniswap 案例值得参考。这是链上治理资助团队的一种预期行为，它们可能会开发 Uniswap 协议的未来版本，但由用户选择是否升级到这些版本。

但有限治理本身并不是一个很好的解决方案，最需要治理的领域（例如公共产品的资金分配）本身也是最容易受到攻击的领域。公共产品资金很容易受到攻击，因为攻击者有一种非常直接的方式可以从错误的决定中获利：他们可以尝试推动一个错误的决定，将资金发送给自己。因此，还需要改进治理本身的技术。

2. 非代币的治理

非代币投票是另一种治理方式。如果代币不能决定一个账户在治理中的权重，那么使用什么来决定投票的权重呢？当前有如下两种自然选择。

（1）人格证明系统：验证账户对应于唯一一个人的系统，以便治理可以为每个人分配一票。相关的参考案例有 Proof of Humanity 和 BrightID。

（2）参与证明系统：证明某个账户对应于参加过某些活

动、通过某些教育培训或在生态系统中执行某些有用工作的人的系统。这种方式可以参考 POAP。

还有混合使用的案例。一个例子是二次投票，它使单个选民的权力与他们承诺作出决定的经济资源的平方根成正比。通过将资源分配到多个身份来防止人们欺骗系统，利益分成允许参与者可信地表明他们对某个问题的关注程度以及他们对生态系统的关注程度。Gitcoin 二次融资是二次投票的一种形式，二次投票 DAO 正在建设中。

参与证明系统不太容易理解。关键的挑战在于，确定参与程度本身需要一个相当稳健的治理结构。最简单的解决方案可能是通过精心挑选的 10~100 名早期贡献者来引导系统，然后随着时间的推移，随着 N 轮的选定参与者确定 $N+1$ 轮的参与标准而去中心化。分叉的可能性有助于提供一条从治理失控中恢复正常的途径，并为防止治理失控提供了动力。

人格证明系统和参与证明系统都需要某种形式的反合谋，以确保用于衡量投票权的资源保持非财务性，并且其本身不会最终进入智能合约，将治理权出售给出价最高的人。

3. 需要承担风险的治理

这种方法是通过改变投票规则本身来解决原有问题。代币投票之所以失败，是因为集体负责与个体负责不平衡，如果让个人为错误的投票付出代价，个体的投票就会更加慎重。例如，在投票进行分叉决策时，投票支持错误决定的代币可能会被销毁。这种操作非常有争议,感觉像是违反了一个隐含的规范,即不可篡改性,在分叉前后,其代币应该保持神圣不可侵犯。但从另一个角度来看,这个做法也有合理性,个人代币余额可以不被侵犯,但仅限于保护不参与治理的代币。如果参与治理,你就需要为自己的行为负责。

4. 混合解决方案

还有一些解决方案结合了上述几种方式的技术思想。以下是一些可行的方向。

(1)时间延迟加上选举专家治理。这是解决如何制作加密抵押稳定币难题的一种可能解决方案,该稳定币的锁定资金可以超过获利代币的价值,而不会冒治理被破坏的风险。稳定币使用以 n(如 $n=13$)周时间选出的提供商提交的价值中值构建的价格预言机。通过代币投票选择价格提供者,但它每周只能循环出一个价格提供者。如果用户注意到代币投票带来了不值得信赖的价格提供者,他们有 $n/2$ 周的时间在稳定币中断之前切换到另一个。

(2)对赌+反作弊=信誉。用户以"信誉"投票,获得不可转让的代币。如果他们的决定带来期望的结果,用户会获得更多的声誉,如果他们的决定带来不希望的结果,用户就会失去声誉。

(3)松耦合(咨询)代币投票:代币投票不直接实施提议的变更,而只是为了公开其结果而存在,为链下治理建立合法性以实施该变更。这可以提供代币投票的好处,同时降低风险,因为如果出现代币投票被贿赂或以其他方式操纵的证据,代币投票的合法性就会自动下降。

这几种情况是可能的案例。在研究和开发非币驱动的治理算法方面还有很多工作可以做。

区块链世界的组织结构和治理随着发展会越来越丰富,场景也会越来越复杂,在治理中有更多的方法可以使用。这也是DAO的当前发展还处于早期,不具有更多能力的一种现实情况。但不管怎样,DAO都是Web 3.0中的组织机制,是管理与资产相关契约关系的必要职能体。

5.3 DAO 与社区

5.3.1 DAO 的参与者

DAO一般有以下几个典型参与者。

(1)开发人员。加密领域的技术人才短缺,并且很多工作需要开发人员来建设。无论开发新的智能合约、进行后端开发还是构建漂亮的用户体验、审计等,都需要开发人员来完成,并且他们通常可以为此获得报酬。

(2)社区经理。社区经理是DAO中的另一个关键角色。DAO需要人来帮助管理成员。这些工作包括为新成员指明正确的方向、回答问题、管理Discord。社区经理通过带来良好的氛围成为社区的好管家。

（3）内容创作者。与社区经理类似，内容创作者是一个关键角色。许多DAO需要有才华的作家和视频创作者来推销它们的产品、服务，甚至社区。这也是最简单的入门方法之一，因为通常不需要任何许可就可以开始创建内容、自行发布并与社区共享。

（4）设计师。与开发人员类似，设计师是DAO世界的重要成员。他可以创建更精美的设计与布局，使网上的内容建设更加美观，可以吸引更多的人。

（5）运营和促进者。DAO可以成长为复杂的组织，会有很多事情发生。运营和促进者会确保整个组织朝着正确的方向前进和实现关键任务目标。这通常包括项目管理、作为"多重签名"保存者、将贡献者与合适的人联系起来等工作。

（6）资金管理者。DAO拥有资产，它需要找到分配资金的好方法。DAO很需要那些有金融背景的人，尤其是当DAO中的储备资产达到数十亿级别时，资金多元化、预算编制、财务报告等工作会更重要。

（7）DAO特定的角色和委员会。每个DAO都有自己的任务，这就需要特定的角色。例如，Yearn需要Vault策略师来优化收益，Index Coop需要方法学家来设计最佳指数，Aave需要风险评估员等。此外，大多数DAO都需要帮助审查拨款请求的拨款委员会等。

这些在加密领域的工作通常是 Web 3.0 原生、独特的工作，需要更多的人员加入以更好地促进 DAO 的发展。

5.3.2 DAO 是最典型的社区型组织

加密不仅是一种技术，还是一种互联网原生经济。收入以通证代币进行跟踪，关键决策是通过社区治理作出的，交易通过智能合约在链上执行，国库券是通过"多重签名"控制的，价值是用代币捕获的。DAO 是这些加密经济体的原生公司结构。

DAO 没有被纳入特拉华州或开曼群岛，而是被纳入 Discord 服务器和区块链。DAO 提供了一种互联网原生方式来汇集资金、作出集体决策和获取价值。

DAO 的组织结构看起来像现代合作社，几乎针对所有东西都可以创建一个 DAO，来进行收集 NFT、社交、软件构建、电子竞技、创作、媒体展示、教育、公共产品资助等。

DAO 本质上是围绕一个共享任务形成的可编程人员组织，并且培养一个新兴的在线社区。他们共同控制一个加密"多重签名"钱包，确保它的目标（由 DAO 成员决定）得以实现。DAO 的治理和运行是用智能合约编写的，由自动化的 if-then 语句组成，这使其透明和可审计。

DAO 及其在在线社区中的作用的伟大之处在于，它们彼此之间的交互方式是一个广泛的表面领域，在这个领域中有很多工作正在进行。任何人都可以参与到 DAO 中，不管他们身在何处。所有这一切所需要的只是资金投入，这为与社区进行互动创造了良好的基础。DAO 不是有围墙的花园，因此它的参与者有内在和外在的动机与其他 DAO 社区合作，以增强彼此的能力，同时分享每个项目的所有权和方向。没有中心方的阻碍，每个人都有权利对某件事怎么做或应该怎么做发表意见。

DAO 和 DAO2DAO 合作在很大程度上仍然是"一种加密之类的东西"，但当这场运动的创建方法、所有权模式和工具接触到大大小小的现实世界社区时，积极变化的真正力量就源于它们。

DAO 用分权领导的社区结构取代了传统的公司层级结构。DAO 虽然还处于初级阶段，但正在逐渐普及，最终推动 Web 3.0 愿景的实现，即网络的价值被用户所享受。DAO 是一个由区块链技术支持的数字原生和社区主导的组织，在该组织中，成员对组织现实的发展方向和愿景进行投票。DAO 可以支持实现 Web 3.0 的目标，即通过在社区和具体项目之间建立更直接和透明的联系，让创作者经济变得更加去中心化。在技术的支持下，DAO 正在用更灵活、适应性更强的治理模式取代传统机构。此外，DAO 的控制权和所有权的分配被认为更加去中心化，这类似于合作组织。DAO 中的每个业主都通过"治理"令牌获得投票权，这个令牌拥有 100% 透明的底层代码，这意味着没有人可以控制社区，因此决策更快、更有效。NFT 创始人和社区成员可以以所有业主可见的安全方式投票，共同决定

NFT 项目的未来和发展方向。

　　DAO 的社区参与者共同推动社区发展，共同分享收益，并参与社区治理。因此，在 DAO 之下，一般有两种代币，一种是治理代币，代表投票权或表决权，使用户通过投票方式参与社区治理；另一种是权益代币，代表激励或分配的收益。

第6章

构建元宇宙的经济基础
——DAO 和元宇宙的关系

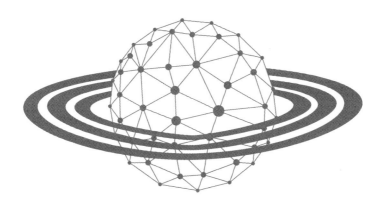

6.1 元宇宙概况

6.1.1 源起

元宇宙一词源于 1992 年尼尔·斯蒂芬森的科幻小说《雪崩》。这本书描述了一个平行于现实世界的虚拟世界 Metaverse，所有现实生活中的人都在其中有一个网络分身。Metaverse 一词由前缀 meta（意为"超越""元"）和词根 verse（源于 Universe，即"宇宙"）组成，直译便是元宇宙。下面是元宇宙概念逐步走入大众视野的时间线。

（1）1990 年，物理学家钱学森先生在信件中提到了虚拟现实技术未来在"虚实结合"方面的发展愿景，提出了"灵境"的概念，可谓"元宇宙"理念的鼻祖。

（2）1992 年，尼尔·斯蒂芬森在科幻小说《雪崩》中首次提出了 Metaverse 一词。

（3）2000—2020 年，各种营造虚拟世界的多人网络游戏开始盛行，其中具有代表性的是微软公司的"我的世界"和 Linden Lab 开发的"第二人生"。

（4）1999—2003年，电影《黑客帝国》三部曲上映。其中描述了一个灰暗的未来：人类的肉体通过营养液存活，而精神被困在一个名为"矩阵"（Matrix）的虚拟空间中，智能机器"母体"利用人类的身体作为能量来源，同时分散人类的注意力。

（5）2011年，科幻小说《头号玩家》和同名电影描述了2045年的世界被能源危机和全球暖化的阴影所笼罩，造成广泛的社会问题和经济停滞。大多数人逃避现实的方式是通过VR眼镜和有线手套进入名为"绿洲"（OASIS）的元宇宙。OASIS既是一个大型多人在线游戏，又是一个虚拟社会。

一个新概念刚出来的时候，一般可以用三朵"云"来形容：不知所云、众说纷纭、云里雾里。对于元宇宙来说，可能也是如此。目前可以把元宇宙归结为以下四点。

（1）元宇宙是一个虚拟空间（跟我们日常生活的现实世界有所不同）。

（2）元宇宙虽然虚拟，但是它提供了沉浸式体验，让人身临其境（有别于计算机上的二维、三维显示界面）。

（3）在元宇宙中人们可以互动、社交、工作、做生意，最重要的是可以"赚钱"（如果白天照常上班，下班回来用一会儿元宇宙，那么元宇宙就只是单纯的网络游戏）。

（4）在互动方式、身份认定等方面，元宇宙和现实世界既相关，又不同（否则就只是微信三维版）。

当然，元宇宙还是一个不断发展、演变的概念，其内涵也在持续丰富、变化之中。如果我们认为元宇宙会成为未来社会、技术发展的一个重要方向，那么它和其他概念有什么区别呢？或者说，它不是什么？

首先，元宇宙不是网络游戏。"我的世界""第二人生"等游戏早就打造出了在游戏中创造内容、社交互动的模式，也不乏很多支持AR（增强现实）、VR（虚拟现实）、MR（混合现实）的游戏（如一度火热的"精灵宝可梦"），但是它们并不完全符合元宇宙的如下要求。

（1）受众有限——主要是年轻人。

（2）任务指定——脚本是写好的。

（3）和现实生活无关——最关键的是，不能工作、开展业务，这意味着它必然是一个低频使用的场景。

其次，元宇宙不只是虚拟现实。一般所称的"虚拟现实"是对现实的仿真、模拟甚至控制，相关的VR、AR、MR（统称为XR）技术的发展让其在科学研究（如了解人体构造）、工业设计（如设计机械结构）、商业销售（如体验房屋户型）、社交互动（如在线会议）、数字孪生（如城市管理）等方面有了广泛的应用。最近有新闻报道，苹果公司也将在未来几年中推出自己的VR眼镜。不过，"虚拟现实"更多的是一种技术手段，它是元宇宙的重要组成部分甚至入口，但是并不足以涵盖元宇宙的所有层面。

6.1.2 元宇宙的发展

2020年4月,美国歌手Travis Scott在Epic Games旗下的《堡垒之夜》中举办了一场线上虚拟演唱会,吸引了超过1 200万名玩家参加。脸书公司(现已更名为Meta)也推出了VR社交平台Horizon,人们可以在其中创造世界,社交方式将不再局限于打字和语音。网易投资了类似"第二人生"的3D社交平台Imvu,专注于利用VR和3D技术创造虚拟世界的"现实社交"。

2021年3月10日,在线游戏创作平台Roblox作为元宇宙概念股成功登录纽约证券交易所,上市首日市值突破400亿美元。而腾讯在2020年2月参投Roblox 1.5亿美元G轮融资,并独家代理Roblox中国区产品发行。

2021年4月12日,英伟达CEO黄仁勋宣布英伟达将布局元宇宙业务;4月13日,美国游戏公司Epic Games宣布获得10亿美元融资,并声称此次融资主要用于开发元宇宙业务。此外,微软、字节跳动等巨头也都对元宇宙进行投资。

元宇宙可以说是互联网的下一个发展阶段。它可能给我们的生活、工作甚至整个社会都带来巨大的变化。

(1)人们可以将大量的工作(特别是协作相关)转移到元宇宙中进行,真正做到"海内存知己,天涯若比邻"!这方面的代表是Meta公司的Horizon Workrooms和微软公司的 Mesh。

（2）很多现有的社会运作方式会发生相应的变化，如商业、地产、教育、购物等，人们都可以直接在线上完成所有购买和体验，不过对于某些行业可能是利空。例如，对于实际房地产的需求将会降低。

（3）在元宇宙中如何"赚钱"？这需要新的经济模型的设计和金融工具。这方面出现了一些尝试，如 GameFi 和 NFT 等。

（4）不同行业、不同领域、不同地区的元宇宙如何互通？将来可能出现多个"平行宇宙"，它们之间的通信和交互会成为重要的需求。

（5）人们可能会主动或者被迫地将越来越多的时间用于元宇宙。

尤其在热门的电商领域，早在 2016 年 11 月，淘宝的 VR 购物"Buy+"计划就已正式上线，VR 购物由实验室正式走向消费者，同时也在 VR 圈内掀起了一阵热潮。福建泉州的存心网络科技公司开发出了名为"闽台电商世界"的在线商城，让商家和消费者可以在虚拟世界中逛街、消费，产生了很好的销售业绩，如图 6-1 所示。

图 6-1　在线商城

6.1.3　元宇宙的技术基础

要建设真正意义上的元宇宙，需要大量的技术条件，如下所述。

（1）用于入口的虚拟现实（XR眼镜、手套、物联网设备）和脑机接口。

（2）用于高速计算的庞大算力（游戏引擎、云计算算力、人工智能）。

（3）用于在虚拟环境中实现身份认证和交易的信息安全、区块链技术。

元宇宙价值链，包括人们寻求的体验，到能够实现这种体验的科技。元宇宙价值链包括七个层面：体验（Experience）、发现（Discovery）、创作者经济（Creator Economy）、空间计算（Spatial Computing）、去中心化（Decentralizition）、人机交互（Human Interface）、基础设施（Infrastructure）。

支撑元宇宙的六大技术体系可以简称为BIGANT（"大蚂蚁"）。其中，B代表区块链技术（Blockchain）；I代表交互技术（Interactivity）；G代表电子游戏技术（Game）；A代表人工智能技术（AI）；N代表网络及运算技术（Network）；T代表物联网技术（Internet of Things）。这六大技术体系，既是六座技术高塔，也是六条技术英雄们的宽广财富之路。

1. 区块链技术

区块链是支撑元宇宙经济体系的最重要的基础。元宇宙一定是去中心化的，用户的虚拟资产必须能跨越各个子元宇宙进行流转和交易，才能形成庞大的经济体系。

NFT（非同质化通证）、DAO、智能合约、DeFi等区块链技术和应用，将激发创作者经济时代，催生海量内容创新。基于区块链技术，将有效打造元宇宙去中心化的清结算平台和价值传递机制，保障价值归属与流转，实现元宇宙经济系统运行的稳定、高效、透明和确定。

2. 交互技术

通过 AR、VR 等交互技术提升游戏的沉浸感。人体交互技术是制约当前元宇宙沉浸感的最大瓶颈所在，交互技术分为输出技术和输入技术。输出技术设备包括头戴式显示器、触觉、痛觉、嗅觉甚至直接神经信息传输设备等，它们将各种电信号转换为人体感官信号；输入技术设备包括微型摄像头、位置传感器、力量传感器、速度传感器等。复合的交互技术还包括各类脑机接口，这也是交互技术的终极发展方向。

人眼分辨率约为 1.16 亿像素，这是没有窗纱效应的沉浸感起点。如果要获得流畅、平滑、真实，120Hz 以上刷新率的效果，即使在色深色彩范围都相当有限的情况下，1 秒的数据量就高达 15GB，所以单就显示技术而言，可能还需要三年左右的时间才能达到这个水平，同时其他关键模组还得同步跟进。

目前包括 Oculus、Quest2 在内的大部分产品，只支持到双目 885 万像素，刷新率为 90 ~ 120Hz，这还只是较粗糙的玩具级。未来，随着以 VR、AR 为代表的人机交互技术的发展，将出现更加拟真、高频的人机交互方式承载的虚拟开放世界游戏，其沉浸感有望得到大幅提升，从而缩小与元宇宙成熟形态之间的差距。

3. 电子游戏技术

这里所说的电子游戏技术既包括与游戏引擎相关的 3D 建模

和实时渲染技术,也包括与数字孪生相关的3D引擎和仿真技术。

前者是虚拟世界开发的关键技术,只有把复杂3D人物、事物乃至游戏,都拉低到普罗大众能制作的水平,才能实现元宇宙创作者经济的繁荣发展。

后者是物理世界虚拟化、数字化的关键工具,同样需要大幅降低技术门槛,才能极大加速真实世界数字化的进程。这里最大的技术门槛在于仿真技术,即必须让数字孪生后的事物遵守物理定律,如重力定律、电磁定律、电磁波定律等。

电子游戏技术与交互技术的协同发展,是实现元宇宙用户规模爆发性增长的两大前提,前者解决的是内容的丰富性问题,后者解决的是沉浸感问题。

4. 网络及运算技术

这里所说的网络及运算技术不仅指传统意义上的宽带互联网和高速通信网技术,还包含人工智能(AI)、边缘计算、分布式计算等在内的综合智能网络技术。此时的网络已不再只是信息传输平台,而是综合能力平台。

云化的综合智能网络是元宇宙底层的基础设施,它提供高速度、低延时、高算力、高人工智能的规模化接入,为元宇宙用户提供实时、流畅的沉浸式体验。云计算和边缘计算为元宇宙用户提供功能更强大、更轻量化、成本更低的终端设备,如高清高帧的AR、VR、MR眼镜等。

目前,3D游戏采用传统的终端渲染模式,受限于个人计算机图形处理器（GPU）渲染能力，游戏的画面精细度与拟真效果仍有很大不足。为了改进现有的渲染模式，提升游戏的可触达性，需要算法、算力的突破以及半导体等基础设施产业的持续进步。

元宇宙庞大的数据量，对算力的需求几乎是无止境的。好在英业达、台积电等半导体厂商在不断地成倍推高算力上限。

5. 人工智能技术

通过区块链、人工智能技术降低内容创作门槛，提升游戏的可延展性。人工智能技术在元宇宙的各个层面、各种应用、各个场景下无处不在，包括区块链里的智能合约、交互时的人工智能识别、游戏里的代码人物、物品和情节的自动生成，以及智能网络里的人工智能能力、物联网里的数据人工智能等，还包括元宇宙里虚拟人物的语音语义识别与沟通、社交关系的人工智能推荐、各种 DAO 的人工智能运行、各种虚拟场景的人工智能建设、各种分析预测推理等。

为了实现元宇宙与现实社会的高度同步，算法、算力和人工智能建模技术的进步有望提升 PGC 的生产效率。在用户生产内容（UGC）方面，第三方自由创作的内容，以及闭环经济体的持续激励，是元宇宙延续并扩张的核心驱动力。目前游戏 UGC 创作领域编程门槛过高，创作的高定制化和易得性不可兼得，同时鲜有游戏具备闭环经济体。因此，为了达到元宇宙所需的可延展性，需要区块链经济、人工智能、综合内容平台等产业的技术突破。

6. 物联网技术

元宇宙是大规模的参与式媒介，交互用户数量将达到亿级。目前大型在线游戏均使用客户端软件，以游戏运营商服务器和用户计算机为处理终端运行。在该模式下，对计算机终端的性能要求形成了用户使用门槛，进而限制了用户触达；同时，终端服务器承载能力有限，难以支撑大规模用户同时在线。而 5G 和云计算等底层技术的进步和普及，是未来突破游戏可进入性限制的关键。

物联网技术既承担了物理世界数字化的前端采集与处理职能，也承担了元宇宙虚实共生的虚拟世界渗透、物理世界管理的职能。只有真正实现了万物互连，元宇宙实现虚实共生才真正有了可能。物联网技术的发展，为数字孪生后的虚拟世界提供了实时、精准、持续的鲜活数据供给，使元宇宙虚拟世界里的人们足不出网就可以明察物理世界的秋毫。

5G 网络的普及为物联网的爆发提供了网络基础，但电池技术、传感器技术和人工智能边缘计算等方面的瓶颈，依然制约着物联网的大规模发展，可望在未来五年左右会有质的改善。

6.1.4 元宇宙快速发展的动力

为什么元宇宙相关概念和产品从 2021 年开始一下子"火"起来了？原因主要是下面这三点。

（1）技术进步。元宇宙的发展需要很多技术条件，包括人工智能、XR、高速网络、区块链等，这些技术在这几年有了长足的发展和一些实际的落地案例,它们组合在一起,共同构成了一个可能的想象空间。

(2)资本出口。放眼望去,人工智能、电商、社交、短视频、O2O等赛道,都已经进入了一个"内卷"的阶段。不要误会,这些行业发展得都很好,但是一旦进入了看实际有成效的阶段,前期的想象空间也就大大缩小了。下一个十倍、百倍的"新兴增长点"在哪里?资本为了高额回报在寻觅,已有的技术企业也担心错过下一波趋势而广泛布局。科技行业著名作家凯文·凯利(Kevin Kelly)曾经指出:"在创新这件事情上,'钱'的作用被高估了。"我们都认为只有投入巨资才能创新,但是如果这样,岂不是所有创新成果都被大公司垄断了?事实并非如此。

(3)新冠疫情发展。新冠疫情从2020年发生以来,加快了很多产业、企业从线下向线上的迁移。既然越来越多的工作、交互可以在线完成,越来越多的生意可以远程达成,有没有可能完全到另外一个虚拟空间去生活、工作、娱乐?这种潜移默化的想法从客观上推动了元宇宙的加速到来。

6.2 元宇宙为何需要DAO

元宇宙的蓬勃发展,离不开用户的深度参与和创造。但是,用户在元宇宙中进行创作、分享所付出的劳动,如何获得回报和激励?元宇宙未来的运行之"道"何在?这涉及目前热门的

Web 3.0 概念。

Web 1.0 让用户能够打破地理限制，高效获得全世界的信息，彻底打开了用户以往狭隘的视野，全世界因互联网变成一个可以掌控在手掌的"地球村"。

Web 2.0 的出现，赋予用户更多权利，使用户由"阅读者"变成"创造者"，由"观众"变成"主角"，用户不仅可以进行交互，还能够获得一定的收入。

Web 3.0 则在 Web 2.0 的基础上对其底层商业逻辑进行迭代更新，不再由中心管理系统掌控大部分价值数据，把数据所有权回归于个人，这意味着把数据隐藏的潜在价值归还给用户，把数据价值重新去中心化分配到个体手中，更好地实现用户的劳动价值均衡分配。

6.2.1 DAO 是最适应元宇宙和 Web 3.0 的组织方式

生产环境的变革催生了新的组织方式，从大航海时代到元宇宙，组织形式不断变化演进。在 Web 2.0 时代，巨头对数据的垄断已被社会关注，而元宇宙 DAO 的组织规则由程序监督运行，组织规则的最终保障是代码。代码的事前约束使 DAO 能在更低信任的模式下形成组织，用户在数字世界中可以更加广泛地参与全球协作。

区块链技术保障了"代码即法律"，而 DAO 保障了规则被有序制定、执行，两者是元宇宙制度的基石。比特币网络就是最简单的 DAO，任何人都可以随时加入比特币网络，成为节点并提供算力保障账本安全。以太坊进一步支持智能合约，使去中心化执行的通用计算成为可能。在此基础上衍生出的各类应用均基于代码规则的 DAO 而实现。这为构建以 5G、物联网、人工智能、云算力为底层的元宇宙提供了可能，Web 3.0 的世界将更加扁平化。

如前文所述，DAO 的运行依赖于链上、链下相结合的治理机制。链上治理通过智能合约实现去中心化的决策执行，参与者的投票结果将直接影响智能合约。链下治理则通过社交网络、投票系统和"多重签名"钱包实现弱约束性的组织治理。项目往往在发展时期采用链下治理，并在产品成熟后改为全面的链上治理，把规则制定逐步交给社区。早前的开源代码平台、UGC 平台等已有自由参与的雏形，但仍在进化。

DAO 以共创、共建、共享为原则，而 Web 3.0 作为元宇宙的技术实现，决定着元宇宙天生具有自主性、自治性、开放性等属性，DAO 与元宇宙在理念、原则等方面的高度契合是它们相辅相成、相得益彰的基本前提和关键之处。

6.2.2　DAO 对元宇宙经济的巨大促进作用

DAO 通证可用于以下用途：奖励和激励；治理和方向的投票；为社区释放其他的利益和机会；让社区用户真正融入组织，并成为其发展的积极参与者。

基于上述内容，DAO 的作用在于：产生更有效的组织，产生更充分的激励，更利于股东、员工及用户利益三位一体，更有利于数据权的保障，更有利于促进社区及共享经济。

首先，DAO 的出现，正在逐步把管理权分散到个人群体中，每个人都可以对"元宇宙 +"建设作出自己的贡献。

其次，与此同时，数据权、资产权、提案权、治理权、发展战略所有权也逐渐过渡到社区共识创造者手中，由大家共同拥有。

再次，DAO 正在不断地改变传统的组织模式，决策和管理等各方面由自上而下变为自下而上，也慢慢成为一个重塑价值分配的重要系统。

最后，DAO 共治是 Web 3.0 数字基建场景，原有的价值分配模式需要以去中心化的方式，在元宇宙中融合 DAO，实现分布式的共治。

6.3　元宇宙中的 DAO 应用案例

近期，Infiblue 公司推出了结合 SocialFi、P2E、DAO 于一体的 InfiblueWorld 元宇宙生态系统。在元宇宙游戏中，Infiblue 公司创新性地推出 Live-to-Earn 机制，玩家可以在虚拟世界中"生活"的同时赚取实际收入。同时，借助 UE5 引擎技术，Infiblue World 拥有超过大多数现有虚拟世界的优质图形和 3D 渲染。

同时，Infiblue 公司深度结合 Web 3.0，推出 SocialFi 机制，

如图 6-2 所示。用户拥有对自己的社交数据的绝对掌控权，并且通过创造内容实现价值。也就是说，用户的社交行为由自己掌控，并且可以为自己创造收益。

图 6-2　SocialFi 机制

除了优秀的制作，Infiblue World 最大的两个特点是：在现实世界地图上展开游戏，以及创建一个接近现实世界的经济体系。玩家角色分为企业家和劳动者，是实体经济流通体系的一部分，为整个虚拟世界提供底层价值。这些功能促进了元宇宙的业务增长，创建了一个强大的生态系统。

不同于以往的元宇宙项目，Infiblue World 不需要初始投资即可开始游戏。任何玩家都可以加入这个游戏并积累财富。玩家可以以享受游戏、参与虚拟世界的身份参与 Infiblue World，与其他玩家建立联系、为其他玩家提供服务等。

Infiblue 公司鼓励玩家创建内容并成为社区的活跃成员以赚取奖励，好友的数量、好友之间的聊天及发布的内容都会为玩家带来收益。社交不仅是赚取 Infiblue 公司奖励的一种方式，游戏的社交维度还允许玩家在平台上建立社交网络。玩家可以在游戏中开展各类社交活动，建立自己的群组，成为领袖、成为导师并分享他们的知识和经验，或者创作艺术品并成长为艺术家。此功能增加了玩家互动的丰富性，并加速了游戏的参与度。

　　Infiblue World 的经济模型是元宇宙中的另一项前沿创新。它以 1:1 的方式参照现实世界数据，打造出一个非常逼真的虚拟世界。在游戏中，玩家可以投资采集原材料的矿场、工厂，以及零售消费品等一切事物。凭借资本、劳动力、原材料和企业家的管理技能，企业可以生产消费品和服务。有了工资和投资收益，玩家就可以购买这些商品，提升游戏体验。玩家可以在虚拟世界中购买商品，在现实世界中提货，真正达到现实与虚拟相结合。同时企业也可以通过虚拟世界的经营来提升现实世界中企业的价值和知名度。

　　此外，Infiblue World 元宇宙中还有一个金融系统，可以使用储蓄、理财、保险等投资工具，以重新分配资产和资源以最有效地使用。

　　Infiblue World 元宇宙建立在去中心化的计算服务器和数据存储网络上，全部数据上链。Infiblue World 基础网络由分布在全球的服务器节点集群组成，通过为 Infiblue World 提供计算能力和数据存储服务而获得收益。这些服务器属于不同的所有者，无论在逻辑结构、地理分布还是产权结构上都是去中心化的，任何个人或组织都无法操纵数据或停止系统的运行。

最后，Infiblue World 的 DAO 旨在优化透明度和实现自治。为了保护玩家和通证持有者，Infiblue World 创新了由通证持有者治理机构和管委会组成的双重治理体系。前者由通证持有者组成，他们的投票权基于持有的通证数量；后者由玩家选举的游戏中的领袖组成，其投票权基于玩家的认可。一项提案需要在两个机构中达成共识才能有效，确保意见领袖与生态价值创造者达到一个动态平衡，更好地为 Infiblue World 的决策负责，确保 Infiblue World 的可持续发展。

6.4 DAO 和元宇宙结合的未来发展

6.4.1 当前 DAO 的不足之处

DAO 的发展目前还处于探索期，表现出了一些缺陷。在绝大多数 DAO 中，用户参与治理的意愿都偏低，决策依然很中心化；由于 DAO 的规则完全依赖于代码实现，当重大缺陷出现时，会造成巨大的经济损失，往往很难事后追溯；部分 DAO 通证表现出很明显的证券特征，有较大的监管风险。

目前大众参与治理的程度较低，决策较为中心化。根据 DeepDAO 的数据，投票用户与 DAO 参与者的数量往往差距较大。例如，Uniswap 的总用户数是投票用户数的 200 多倍，BitDAO 的投票用户数只有总用户数的千分之一。这反映了参与治理的门槛依然较高、对于普通用户来说参与治理的意义有限，以及 DAO 的决策掌握在少数人手中。

6.4.2　DAO 的监管挑战

DAO 这种组织形态对监管而言是新鲜事物，如同互联网诞生之后相当长一段时间，各国的网络监管才日趋完善，DAO 也会经历类似的过程。DAO 依赖智能合约，采用通过代码监督决策、运转的模式，而非依赖人工。理想中的元宇宙世界会像互联网一样，成为下一代开放网络，而不属于某一家公司，构建元宇宙的过程，将不可避免地依靠物联网采集数据、依靠智能合约作出裁决、依靠虚拟游戏进行社交等，而这将面临一系列国内外真正意义上面对数字世界的监管问题，例如以下所述。

（1）数字身份问题。传统的身份验证依赖身份证、公安部门等，便于社会管理，但由于需要中心化鉴定，也常遇到证明"我是我"的情况，同时，如果互联网平台中用户隐私保护没做好，就会造成大量的身份信息泄露，此类案例在国内外屡见不鲜。而在区块链技术中，公、私钥加密体系赋予个体证明"我是我"的能力，在保护个人隐私的同时也可隐匿身份，如何做到平衡是未来要面对的问题。

（2）NFT 数字资产的性质问题。NFT 全称 Non-Fungible Token（非同质化通证），是用于表征数字资产（图片、音乐、视频、电路图等）唯一性的数字通证。NFT 既具有数字资产属性，也具有数字消费品属性。那么，NFT 的二次交易如何定义？NFT 交易如何进行反洗钱监管？既要包容数字世界的创新物种，也要保证合法合规，这是未来的监管挑战。

（3）元宇宙"游戏"的监管问题。以美股 Roblox 为例，其表现形式为 UGC 游戏，但实质上更多的是玩家在游戏中社交聊天，活跃用户日均在线时长已达 2.6 小时。因此，元宇宙既是游戏又不是游戏，是否还应参照防沉迷监管、游戏版号监管等游戏行业的措施？

美国在 2017 年就开始尝试对 DAO 的监管，包括美国证券交易委员会（SEC）在内的机构都阐述了对 DAO 的监管建议，直到 2021 年 7 月，美国怀俄明州正式出台 DAO 法案，在 DAO 的定性和监管上迈出了勇敢的一步。该法案规定："除非组织章程或运营协议中另有规定，否则去中心化自治组织的管理应归属于其成员（如果由成员管理）或智能合约（如果通过算法管理）"，这给予了智能合约较高的地位，但从实践角度看这还远远不够清晰。

我国从 2017 年开始推出一系列政策、法规，包括《关于防范代币发行融资风险的公告》《关于防范虚拟货币交易炒作风险的公告》《关于加快推动区块链技术应用和产业发展的指导意见》，在保障区块链技术落地应用的同时，禁止虚拟币融资、炒作。元宇宙、DAO 作为全新的概念，未来在落地中也需要符合国家相关监管政策。

韩国首尔市政府 2021 年 11 月颁布的《元宇宙首尔五年计划》则站在国家角度，整合社会各方资源，从 2022 年起分三个阶段在经济、文化、旅游、教育、信访等市政府所有业务领域，打造元宇宙行政服务生态，总投资计划为 39 亿韩元，表明监管之下的元宇宙数字世界在逐步临近，相信该计划对各类金融监管将有更多考量。

6.4.3 DAO 和元宇宙的深度融合趋势

DAO 的兴起将加速元宇宙落地。预计未来五年将有越来越丰富的元宇宙网络形态出现，推动 BAND（区块链、游戏、网络及算力、显示技术）四大技术赛道升级，个体也将更方便地参与其中，就如同现在可以通过开滴滴专车、送美团外卖、参与众包项目获得分成一样，通过在元宇宙中贡献创意、个人 IP、流量而获得激励。

回顾过往，Roblox 的兴起就在于以云原生游戏平台为基础，打造游戏 UGC 平台并引入分成激励机制，从而引发了年轻用户群体的迁移。展望未来，元宇宙可能并不属于某家企业，而是源于社区、服务社区的平行数字世界，而 DAO 这种创新的组织形式可能在其中扮演极为重要的角色。

第 7 章

DAO 的应用

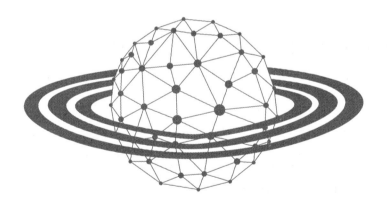

7.1 DAO 与智能化管理

7.1.1 DAO 的工作原理

DAO 不是一家拥有指定管理结构的传统公司，而是通过集体投票进行运作的，持有 DAO 组织的通证即成为其"股东"。DAO 是由计算机程序编写的规则主导的组织，而不是由人主导的组织。在这个结构之上，有一群"监护人"存在，他们是由 DAO 通证持有者选举出来的，当然也可以被剔除。

DAO 是在区块链上建立的去中心化，以链上程序逻辑确定激励机制的自动运行组织，其运行方式与工作原理如下。

（1）编写智能合约。智能合约编写在区块链上，是一组计算机程序，用来执行各种命令。智能合约是公开透明的，任何人都可以看到每一行代码（规则）。

（2）募资或挖矿。一个组织自然需要资金，DAO 与传统的公司制不同，出资人不会得到股份，而是得到通证。通证是权益的代表物，持有通证可以有以下几种权益：投票权、提案权、收益权,以及 DAO 提供的各种服务的使用权等。但也有部分 DAO 不需要募资,而是直接通过挖矿模式(共识机制+激励模式或经济模型)来实施激励,当其产生了价值后,社区组织者(基金会或发起人)持有的通证自然有了价值。

(3)提案与投票。当智能合约发布后,DAO 的运行就不再受发起人的控制,所有决策都会在得到共识之后执行。任何持有这个 DAO 通证的人都可以发起提案并投票,达到某一比例的共识(比例写在智能合约中)后 DAO 会自动执行相应的指令。

(4)通证的流通。在传统的公司体制中,股权转让需要签订合约,上交各种文件,等待审核后才能成功。但是通证的流通则像转账一样方便,在几分钟甚至几秒内就可以完成。

7.1.2 驱动 DAO 价值增长的因素

驱动 DAO 价值增长的因素有以下几种。

(1)有效的激励机制。了解成员所作的贡献如何在 DAO 中获得奖励非常重要。通常来说,分配治理权和给贡献者奖励或者利润份额都能激励成员为 DAO 作贡献并积极参与治理。这反过来又使组织更有效率。

(2)选民参与率高。驱动 DAO 价值增长的因素不仅是每个成员为 DAO 作出的贡献,还在于更多成员积极参与治理,这使组织能够不断调整和完善。

(3)持续交付项目。如果 DAO 实行了一个良好的激励机制且成员积极地参与贡献，那么 DAO 就应持续交付其项目以及提出提案。定期推动项目发展的 DAO 通常意味着这个 DAO 在集体参与、执行能力和长期价值增值潜力这几方面都不错。

7.1.3　DAO 与公司的区别

传统的组织是中心化的组织，是从权力中心自上而下地对各个角色做出工作安排并进行利益分配。DAO 是扁平化的，由角色共同完成某个决定，并依据链上数据与算法，客观地进行利益分配或激励。DAO 与公司的区别如表 7-1 所示。

表 7-1　DAO 与公司的区别

项目	DAO	公司
案例	Bitcoin、Ethereum、Steem、Zcash 等	私营企业、国有企业等
代币	BTC、ETH、LTC、ADA 等	奖励 & 诚信机制等
治理模式	算法治理：PoW、PoS、DPoS、LPoS、TPoS、BFT、FBA、pBFT、Dbft、DAGS 等，与社会治理整合	有限责任公司、股份有限公司、有限合伙公司等
参与方	Token 持有人、Miner、开发者、交换者	股东、董事会、监事会、员工
治理法律	智能合约：参与方被共识协议 / 智能合约代码所约束，治理规则的改变经由代码升级（hard-fork）实现	公司章程：公司章程仅能被股东改变，根据公司的类型，公司同时受到相应法律约束

续表

项目	DAO	公司
立法	每一个开发者都可以升级契约，当契约的变更体现出先进性时，被成员采纳的概率更高	股东大会
法律的执行	自主政策执行：网络中的所有计算机执行共识协议/智能合约	股东大会、公司管理员
纠纷的解决	去中心化仲裁服务，或通过hard-fork 前瞻性改变协议	内部纠纷解决机制
奖励机制	交易费、区块奖励、Token price 等	固定工资、KPI奖励、奖金、投资回报等

以公司为代表的传统中心化组织与 DAO 的主要区别如下。在建立传统公司时，用户和公司的利益相关者是两个不同的群体。他们关心不同的事情：用户想要一个伟大的产品，而股权持有者想要更多利益，这样驱使公司选择适合股东的管理者来经营和管理公司，以完成营利任务。这样的领导并不一定专注于为用户构建出色的产品，他们一般会关注用户与股东利益的平衡。如果产品受到喜爱，尽管在领导力、所有权和激励协调、治理和执行方面存在问题，公司仍能取得较大成功。对于用户，他们通常不关心公司的创建者是谁、关键利益相关者拥有多少股权、所有权如何分散，以及团队如何作出决策和执行等事情。在公司中，用户和利益相关者是两个群体。

在区块链产品中用户和利益相关者通常是一个群体。数字货币的用户实际上非常关心项目的领导、所有权、治理和执行，因为他们的经济激励与产品的使用相关。鉴于加密货币基于开源代码并且转换成本极低，数字货币只有与拥有和使用它们的社区一样成功才更有价值。社区的实力和规模决定了加密货币能获取多少价值。公司与 DAO 的主要区别如图 7-1 和图 7-2 所示。

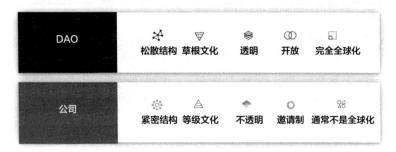

图 7-1　公司与 DAO 的主要区别

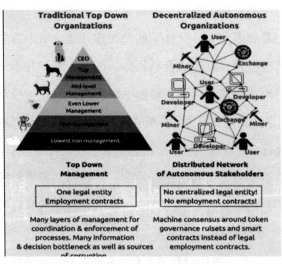

图 7-2　DAO 与公司区别的另一种表达（资料来源：BlockchainHub）

与传统公司相比，DAO 的优势如下。

（1）组织共识更强。去中心化组织不像传统组织那样听从安排，它是因为有共识才形成，所以成员忠诚度与贡献意愿更高。

（2）更透明。DAO 基于区块链技术与智能合约，链上数据皆可循，所有行为更加透明与公平。

（3）更自由。线上协作突破了地理限制，同时用户加入与退出也都更为自由。

7.1.4　DAO 作为新型组织需要的治理能力

在没有集中私有化或政府干预的情况下，扩大合作治理规模需要什么？如果我们将合作社和加密网络都视为"公共领地"，那么管理其资源的策略需要以下三个必要条件。

（1）规则制度。

（2）遵守他们的可靠承诺（通常是激励与惩罚的能力）。

（3）进行集体监督，以确保遵守规则并兑现承诺。

比特币和以太坊都已经满足了上述条件。将密码学的可验证数学特性与新的经济机制结合进行激励、维护服务所需的工作如下。

（1）规则是程序化的（开源代码）。

（2）可信的承诺是经济形式的，以通过工作量证明采矿中的电力或通过权益证明系统中存入代币的形式承诺，以及遵守规则的奖励。

（3）集体监控由可以确定性地验证规则已被遵循的节点执行。

基金会为共同资源的合作治理提供了一组新的方法和手段。如果说区块链、NFT、智能合约、DeFi 协议和 DApp 是工具，那么 DAO 是使用这些工具创造新事物的团体。如果它们是物，那么 DAO 是方法。它们是公司或社区的 Web 3.0 版本（或者说是新版本）。随着人们尝试新的构建元素和结构，DAO 将具有我们今天无法预测的新属性。

这个领域的不少人认为 DAO 有可能重塑我们的工作方式，解决集体决策、分配资源、分配财富等当前社会中的较大问题。DAO 的思想是最初创建以太坊的一个主要原因，在以太坊的白皮书中有相关体现。

7.1.5　DAO 具备的智能化管理

如上所述，与传统的公司相比，DAO 没有董事会、监事与经理等管理层团队，也没有实际控制组织运行的控制人与大股东，其没有公司章程。

与传统的公司相比，DAO 发起人公布的社区治理规则及激励模式被写成智能合约，采取机器自动执行的可信网络模式来运行，其治理规则相当于公司章程。而加入社区并持有治理通证的社群相当于公司股东，其根据投票规则进行投票，这相当于股东会。DAO 的激励是公开透明的、不可篡改的，这与传统公司的利润分配完全不同。

上述 DAO 的特点，使 DAO 组织具有开放的（股东进退自由、无上限）、无人管理的、去中心组织的功能，这些功能与特征使 DAO 具备了智能化管理的特点。DAO 可以作为 Web 3.0 时代的经济组织存在，成为元宇宙时代的智能化管理组织。

（1）智能化管理。从人工智能的发展脉络来看，分布式人工智能不仅代表着未来的发展方向，同时进一步为 DAO 的智能化管理提供了实现基础。它不仅提高了系统的灵活性、降低了问题的求解代价，同时为智能化管理提供了实现手段。面向未来，DAO 必然与人工智能相结合，从自动化走向智能化。

（2）DAO 与生俱来的激励机制将引发通证经济的快速发展。随着 DAO 这一类型的组织数量的快速攀升，伴随着通证出现的 DAO 将成为资本市场中新的追逐对象。通证类数字资产的交易或许会迎来一个新的发展机遇。

（3）链上与链下的协同治理需求将带来区块链应用的高速发展。DAO 在发展过程中，为了解决决策的效率问题，也将演化出部分 DAO 的形态。而在协同过程中所需解决的协同效率问题引发区块链商业应用的大爆发或许只是时间问题。

（4）DAO 通过区块链技术的应用，实现了以通证完成"三权"（所有权、治理权、分红权）分离和"三权"无限分割，从而让全员所有变成了一种可能。这或许将引发组织体制大范围从私有制进化到公有制的趋势。

7.2 DAO 与通证经济

7.2.1 通证经济

通证经济是一种建立在区块链上利用激励机制改变生产关系的价值驱动型经济模式。通证经济的本质是利用区块链技术的特点通过激励手段协调生产关系的组织形式，通证经济中最重要的关注点在于构建在区块链技术上的数字通证，通证可以理解为可转让证书，它可以代表一种身份、一种权利、一种价值载体或一种关系纽带。它能够极大地调动参与者的积极性和创造力，能够充分激发经济活力，促进经济增长。这种经济模式又被称为代币经济。

可流通的加密数字权益证明，简单地说就是价值的载体，而通证经济通过这些载体，反映重要的价值和权益，利用区块链或可信的集中系统将生产要素带入流通，利用自由市场使资源配置更加精确合理，充分发挥数字化管理的作用。

按通证的功能与作用，通证可分为以下四大类。

（1）应用型通证，又称实用型通证。应用型通证大多是企业为其服务或产品而发行的，用于为项目筹集资金。实用型通证也是最流行的通证类型。

（2）工作型通证。如果人们可以继续从这个去中心化组织中获得实用程序，那么它一定是工作型通证。

（3）传统资产型通证。传统资产型通证是指以密码学方法为代表的传统资产,如股权、财产等。

(4)混合型通证。在完全应用区块链之后,可能通证将来既可以用作应用型通证,也可以用作工作型通证。

按通证的属性,通证可分为同质化通证(FT)与非同质化通证(NFT)两大类。

7.2.2 DAO 是通证经济的运行组织

元宇宙区别于传统游戏不仅在于其沉浸感与现场感,如果仅具备这两种情形,元宇宙不过是一种更高级的游戏而已,这样的元宇宙就如同刘慈欣所说的游戏元宇宙。这样的元宇宙是没有其独特价值的。能够创造一种新的商业场景,创造更高形态的虚拟经济模式,才是元宇宙的价值所在。元宇宙要打造这种经济新模式,就必须有新的经济模型和生态。而通证经济,尤其是 NFT 就是创作经济的新载体与价值载体。

通证经济必须依靠各个组织或社区来发起、运行、发展,而这个组织不能是传统公司模式,这种中心化的组织模式已经无法适应以区块链技术为基础的 Web 3.0 网络,而 DAO 所具备的上述特征,正好符合这一经济模型运行所需要的组织条件。因此,DAO 是通证经济的运行组织。

7.3 DAO 的作用与价值

如上文所述，DAO 是通证经济的运行组织。DAO 可以帮助团队建立竞争力，汉密尔顿·赫尔默（Hamilton Helmer，著名的企业战略专家）列出了 DAO 的七种竞争优势来源。

（1）规模经济效应。经济学中的规模经济效应是指单位成本随着产量增加而下降的情况。DAO 为全球的人群和组织提供了集中资源以追求更大目标的手段和激励措施。从理论上讲，这能够降低生产每个新单位或接受新用户的成本。DAO 结构还可以通过按需支付许多服务来降低劳动力成本，与传统组织相比，成本更低。

（2）网络经济效应。随着新用户加入网络，服务对每个用户的价值都会增加。网络经济效应使 DAO 有潜力蓬勃发展和淘汰现有企业，这将是成功的 DAO 最强的竞争力。DAO 建立在直接将状态协议与货币结合的网络之上，增强了网络效应。DAO 中用户就是所有者，每次其他人加入 DAO 或使用协议时，理论上用户的代币都会变得更有价值。此外，随着 DAO 变得强大，更多的人在它之上构建应用，这使它变得更强大，从而吸引更多的人。一旦 DAO 兴起，就很难被削弱。

（3）反定位能力。新来者采用一种新的、优越的商业模式，由于预期对现有业务的损害，现任者不会模仿这种模式。就 DAO 模型本身在其他方面的优势而言，DAO 可以建立强大的"护城河"来对抗其现有同行的模仿。

（4）转换成本。客户会因为转向替代供应商而需要进行额外采购，从而产生价值损失。DAO 成员会产生转换成本，因为如果将他们在一个 DAO 中拥有的通证转换到一个竞争的 DAO 中，这些通证可能变得不那么有价值。虽然基于区块链的协议可以被分叉成新的、非常相似的协议与现有协议，以及兼容的协议，但同样会产生转换成本。

（5）品牌效应。某些品牌能够为同一商品收取更高价格的部分原因，是人们将自己的身份与这些品牌联系在一起。即使品质相同，佩戴蒂芙尼手链与佩戴普通银手链也有不同的效果。类似地，人们会将自己的身份与他们作为贡献成员的 DAO 联系起来。如果将比特币视为 DAO，考虑所有身份与拥有比特币相关的人，他们愿意免费推销比特币、逢低买入并抨击非信徒。

（6）垄断资源能力。这是指获得优质资产的能力。一个 DAO 的社区是其被垄断的资源。虽然许多 DAO 以多种方式补偿人们的贡献，但在许多情况下，人们为 DAO 作出贡献只是为了使它或构建它的区块链更有价值。Moloch DAO 从其成员自己汇集的 ETH 中提供赠款，以使 ETH 更有价值，并且可以使成员提交提案来做免费工作从而使以太坊变得更好。通常这些工程师的时间是非常宝贵的。

（7）处理能力。在 DAO 中拥有可以以更低的成本实现产品或提供更优质的产品的能力。

除了以上所述之外，笔者认为，从组织的利益相关角度看，与传统公司组织相比，DAO 完美地处理了股东、员工及用户之间的关系，将三者的零和博弈关系调整为三位一体的合作关系。

总之，通过向 DAO 的用户、贡献者和更广泛的利益相关者提供经济激励，并让这些利益相关者在 DAO 的治理中拥有发言权，DAO 有机会建立非常强大的"护城河"。最强的是网络效应一旦形成，就很难被破坏，社区能够以自适应的方式成长和发展长期价值。

7.4　DAO 的模式与类型

在 4.1.2 小节中介绍过 DAO 的应用可以分成七大类，分别为协议型 DAO、投资型 DAO、赠款型 DAO、服务型 DAO、媒体型 DAO、社交型 DAO 和收藏型 DAO。下面对这七种类型进行详细说明。

1. 协议型 DAO

协议型 DAO 的目标是构建一个共同遵守、执行和维护的协议。大部分 DeFi（去中心化金融）社区都可以视为协议型 DAO，包括 MakerDAO、Uniswap、AAVE 等。

协议型 DAO 通过发行项目通证，将治理权利从核心团队转移到社区手中，并为团队提供了额外的金融工具。因此，治理通证不仅代表治理权,还拥有项目的分红。通过对通证发行、流转的机制设计,可以激励参与者为项目贡献流动性、参与度、劳动等。这种特点为项目的启动、发展带来了更灵活的工具。

以 MakerDAO 为例,它构建了一个由 15 个核心单元组成的复杂结构。每个单元都有任务和预算,由一个或多个协调人管理,负责协调社区成员,支付奖励,实现 MakerDAO 的长期目标。

MakerDAO 中 DAO 的治理分为链下和链上两部分。链下讨论通过论坛进行,一般先于链上治理,用于讨论和评估社区问题。如果需要衡量社区意见,或者需要就某些事情达成共识,可以发起论坛中的民意调查。如果这些问题获得论坛中大多数人的支持,则可以进行链上投票,投票后的结果将被写入协议。

有两种类型的链上投票:治理民意调查和执行投票。治理民意调查中的提案主要用于判断 MKR(协议治理通证)持有者对一些决策的意向;执行投票的内容主要为更改目前协议的状态。后者更偏向执行层面,而且更加重要。

虽然所有人都可以发起链上投票,但没有便捷的入口,只能直接与智能合约交互实现,这提高了发起链上投票的门槛。不同种类的投票方式和统计规则也不同,链下投票以账户为单位进行,采用一账户一票的统计方式,链上投票则是写入智能合约,以 MKR 为单位计票。

在 MakerDAO 论坛中,用户账户的声誉系统会间接影响投票。论坛的每个账户都有对应的徽章标签和等级，根据活跃天数、获得赞数、被举报数量等因素综合评判。不同等级的用户在论坛中的管理权限也不同，如有管理者和活跃者等标签，这与互联网论坛的运行模式非常类似。

由于链上投票会通过论坛讨论，链下的账户身份也会影响链上投票的结果。例如，较高等级的用户在论坛中对某种观点的支持会引起更多关注。

2. 投资型 DAO

投资型 DAO 是为了给社区带来投资收益回报。投资型 DAO 的任务包括筹集参与者的资本，汇聚各方的投资渠道和观点，并共同制定投资决策。虽然投资型 DAO 在国内外面临更多法律限制，但它的发展表明，任何一群人都可以聚集起来，以更低的门槛对更大型的资本进行投资。

协议型 DAO 通证的流行，使完全上链治理、执行的投资型 DAO 成为可能。随着 DeFi 协议的完善，以及大量协议通证的流行，投资型 DAO 可以做到投资的决策和执行完全上链，保障参与者的资金安全。

BitDAO 作为典型的投资型 DAO，旨在通过集体投资推动开放式金融的发展。通过用 Gnosis Safe "多重签名"钱包和 Snapshot 投票工具，用户可以创建提案，并接受持币人的投票。BIT 通证是 BitDAO 的治理通证，BitDAO 由 BIT 通证持有者拥有和管理，只有在提案和投票成功后才会进行相应投资。BIT 的投资回报来自投资项目的收益，以及自身未来开发相关协议的收入。

3. 赠款型 DAO

赠款型 DAO 的目的是推动社区生态发展，为新的赠款项目提供资金支持。它更关注生态发展，而非资金回报，这是与投资型 DAO 的最大不同。

赠款型 DAO 是最早期出现的 DAO，社区成员通过治理提议的方式，共同决定如何运用资金。早期的赠款型 DAO 的治理是通过不可转让的股权进行的，因此并不追求股权转让的回报。

赠款型 DAO 投资的项目大多也是基础设施类型，它们本身对生态发展很重要，但较难捕获价值。像 Snapshot、ENS 都是通过赠款获得开发资金。目前的赠款型 DAO 有 MolochDAO、UniswapGrants 和 CompoundGrants 等。

4. 服务型 DAO

服务型 DAO 的目标是实现人力资源的有效分配，让人们可以为开放的创新项目工作。从开发、产品、界面设计，到治理、营销、财务管理，服务型 DAO 可以为人才匹配提供渠道，从某种意义上来说，它是一个去中心化的"猎头"组织。

这种匹配通常会以某种通证作为奖励，即所贡献项目的所有权。目前的服务型 DAO 包括 YGG、Gitcoin 等，它们都搭建了一个去中心化治理的平台，组织人们为各种新型项目开展工作。

例如，YGG 旨在通过投资游戏项目，赚取游戏资产，培养游戏玩家，租赁游戏资产。YGG 游戏工会主动管理其社区拥有的资产，使其获得最大效用，并与社区分享这些资产的利润，如图 7-3 所示。

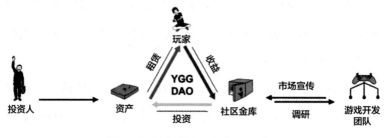

图 7-3 服务型 DAO（YGG）

5. 媒体型 DAO

媒体型 DAO 的目的是制作公开的媒体内容，让任何人都可以参与到媒体的创作中。媒体型 DAO 往往会设置内容制作的激励计划，并通过去中心化治理决定社区走向。目前的媒体型 DAO 包括 BanklessDAO、Forefront、MediaDAO 等。

以 BanklessDAO 为例，它是一个开放的媒体创作社区。任何人都可以通过社交工具 Discord 加入 BanklessDAO 的服务器，并可以浏览绝大部分信息和历史工作文档。

参与协作和会议需要成为会员，条件是持有一定数量的 BANK 通证。Bankless 的 Discord 成员大约有 8 000 人，当前共形成了 13 个工会，分别是写作、财务、翻译、研究、运营、市场、法律、教育、设计、商务开发、开发、视频、数据分析。所有这些工作都由会员通过互联网工具协作完成，主要的讨论都在 Discord 上进行，在讨论中形成的共识、结论和工作事项会被放入消息栏中，由大家共同维护，跟踪工作状态。任何成员都可以参与到任何工会的讨论中，并且几乎所有的工作文档和会议纪要都完全向社区公开。

6. 社交型 DAO

社交型 DAO 关注的是建立更加多元的网络社区。社交型 DAO 与聊天群的最大区别在于，把社区成员在利益关系上进行了绑定，并且使社区成员可以共同参与制定规则。

社交型 DAO 的最终目的是汇聚一群具有相同兴趣的人，并通过通证手段强化这种网络连接。

例如，FWB（Friend With Benefit）是一个目前有 2 000 多位会员的私人俱乐部。要加入这个俱乐部，不仅需要通过严格的身份审核，还需购买接近 10 000 美元的通证作为门票。而当成员获得这些门票之后，成员将拥有俱乐部的一部分，并可以参与俱乐部的运营和决策。FWB 也会经常举行线下的会员交流沙龙。

7. 收藏型 DAO

收藏型 DAO 的创立目标是收藏 NFT 数字艺术品，并把艺术家、爱好者、平台、作品整合起来，创造数字艺术的长期价值。

随着 NFT 数字艺术资产逐渐被大众接受，收藏型 DAO 也开始浮出水面。其目的在于：收藏具有长期价值的 NFT、孵化新锐 NFT 艺术家、建立爱好者们交流讨论的平台，降低 NFT 投资的门槛。目前的收藏型 DAO 包括 WhaleDAO、MeetbitsDAO、PleasrDAO 等。

这方面最知名的一个案例，是名为 ConstitutionDAO 的 DAO 组织，它想买下公开拍卖的 1787 年《美国宪法》初版印刷本。

《美国宪法》初版印刷本如今仅存 13 份，这次要拍卖的就是流入民间的其中一份。苏富比拍卖行给的估价是 2 000 万美元。但就在 2021 年 11 月 18 日当天，那六页纸最终以 4 320 万美元被卖出，创下历史文件拍卖价格的最高世界纪录。

受到热切关注的 ConstitutionDAO 没能如愿，最后以轻微劣势输给了芝加哥首富 Ken Griffin。ConstitutionDAO 失败的重要原因正是其筹款过程公开透明，出价底线已经被竞争者提前摸清。随后，ConstitutionDAO 为出资者开放了退款申请。

媒体将这次拍卖的关注点聚焦在 ConstitutionDAO 身上：17 000 多位来自全球各地的网友出资，在短短 72 小时之内，筹得价值相当于 4 000 多万美元的资产。ConstitutionDAO 的一名核心组织者表示："一些博物馆人员非常吃惊，他们半年才能筹到这么多钱，他们问我们为什么能在三天内就解决了融资的问题。"

一切开始于《美国宪法》初版印刷本公开拍卖的前一周。《美国宪法》初版印刷本以 1 000 万美元起拍，单人出资甚至都很难拿到"入场券"，有人建议为这个竞拍项目成立 DAO 组织众筹。牵头的人开起了视频会议，紧锣密鼓地拟订方案。

首先，DAO 要解决自己的"身份问题"。这种去中心化自治组织并未在任何司法辖区根据具体的管理条例注册，因此也没有相应的法律身份。一开始，苏富比拍卖行甚至不知道如何与一个 DAO 打交道，不知道怎样做才合规。ConstitutionDAO 的核心成员立刻找来了最了解相关法律议题的人，一起建立了能和苏富比拍卖行交易的法律实体，找到非营利性组织 Endaoment 商量文件保存和出席投标等事宜，并选定了第三方平台 Juicebox 作为筹资的入口。

筹资网页很快就上线了，其上的公告指出：筹得 1 400 万美元，就有了拍卖入场券；筹得 3 000 万美元，就可以和他人竞争；筹得 4 000 万美元以上，就有很大概率胜出。公告还指出，出资者共享的并非拍品的所有权，他们获得的只是这份印刷本的治理权——根据出资的比例，获得相应的通证作为凭证，而这种凭证可以用来发起提议和投票，决定整个资金池未来还可以做什么。

ConstitutionDAO 的组织者表示会把钱转入一个类似"区块链保险箱"的账户里，如果要动这笔钱，需要一定量的管理员（只是项目的组织者，而非决策方）同意并签名。ConstitutionDAO 的发起人还做出了另一个"自我限定"：本身不投入资金，并没有能力决定资金的用途——发起者只是为项目起了个名字，并把代码上传到区块链。

这次活动之所以受到如此热切的关注，是因为它激发了人们对现有商业组织形式和资源分配方式的反思。

在整个筹资过程中，ConstitutionDAO 并没有为那些组织者和贡献者支付任何酬劳。这群聪明的头脑聚在一起，只为了让"买下《美国宪法》初版印刷本"这个目标实现。这种前所未见的合力，尤其对传统的公司雇佣制度发起了挑战。

其次，DAO 将管理权分散于所有参与者，组织架构比一般公司更加扁平，一些管理者的决策行为可以被基于通证的投票行为所替代。所有资金的分配和流动都记录在链上，公开透明。

最后，DAO 仅以数字签名技术就可以表示身份和授权操作，账户不带有真实身份信息，因此这种组织天生是全球化的，分布于任何地区的人都能加入；在激励制度上，贡献越多的人就可以获得越多的 DAO 治理通证——换个说法，所有员工都能按劳持有公司股票，人才的努力和公司的收益都将进入正向循环。

除了以上述所述的七种类型的 DAO 之外，在《DAO 重塑世界的 15 种方式》一文中，作者论述了 DAO 的 15 种模式与功能。但是，DAO 仍在发展之中，当下仍处于非常早期的阶段。对于 DAO 未来的发展模式，我们还无法想象。我们只能根据当下的发展情况对 DAO 做一点简单的梳理。

第 8 章

DAO 并非法外之地
——DAO 的风险与监管

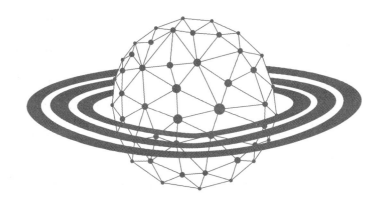

8.1 DAO 可能涉及的相关法律问题

8.1.1 DAO 自身特征与属性孕育着巨大的法律挑战

DAO 具备以下特征。

（1）分布式与去中心化。DAO 中不存在中心节点以及层级化的管理架构，它通过自下而上的网络节点之间的交互、竞争与协作来实现组织目标。因此，DAO 中节点与节点之间、节点与组织之间的业务往来不再由行政隶属关系所决定，而是遵循平等、自愿、互惠、互利的原则，由彼此的资源禀赋、互补优势和利益共赢所驱动。每个组织节点都将根据自己的资源优势和才能资质，在通证的激励机制的作用下有效协作，从而产生强大的协同效应。

（2）自主性与自动化。在一个理想状态的 DAO 中，管理是代码化、程序化且自动化的。"代码即法律"，组织不再是金字塔式的，而是分布式的，权力不再是中心化的，而是去中心化的，管理不再是科层制的，而是社区自治的，组织运行不再需要公司，而由高度自治的社区所替代。此外，由于DAO运行在由利益相关者共同确定的运行标准和协作模式下，所以组织内部的共识和信任更易达成，可以最大限度地降低组织的信任成本、沟通成本和交易成本。

（3）组织化与有序性。依赖于智能合约，DAO中的运转规则、参与者的职责权利以及奖惩机制等均公开透明。此外，通过一系列高效的自治原则，相关参与者的权益得到精准分化与降维，即给那些付出劳动、作出贡献、承担责任的个体匹配相应的权利和收益，以促进产业分工，以及权利、责任、利益均等，使组织运转更加协调、有序。

（4）智能化与通证化。DAO底层以封装了支持DAO及其衍生应用的所有基础设施——互联网基础协议、区块链技术、人工智能、大数据、物联网等为技术支撑，以数字化、智能化、链上链下协同治理为治理手段，改变了传统的科层制及人为式管理方式，实现了组织的智能化管理。通证作为DAO治理过程中的重要激励手段，将组织中的各个元素（如人、组织、知识、事件、产品等）数字化、通证化，从而使货币资本、人力资本以及其他要素资本充分融合，能够更好地激发组织的效能和实现价值流转。

一个DAO的设立，必须具备三个基本要素：第一，具有能与陌生人达成共识的组织目标和组织文化（组织的使命、愿景、价值观）；第二，具有能与陌生人达成共识的包含创立、治理、激励等内容的规则体系，并且此规则通过区块链技术置于链上；第三，具有能与所有参与者形成利益关联的通证来实现全员激励。

DAO 的上述特征与属性为传统互联网时代组织模式带来巨大的变革和挑战，从而带来一系列法律挑战。

8.1.2 DAO 带来的法律挑战

DAO 很有可能分为许多不同的类别。一些 DAO 可能看起来更像原始公司，甚至新公司。一些 DAO 可能看起来更像合作社。其他 DAO 可能看起来像非营利组织。智能合约已经让很多人工任务变成自动化执行。例如，智能合约可以决定 A 是否可以向 B 发送资金，这个决定基于它是否满足一组标准。问题在于，无法仅通过单击按钮来完成很多活动。其中一个案例是关于分配工作资金。例如，DAO 可以使用智能合约来发送资金，开发团队用该资金构建 App。但是，DAO 无法确保开发团队完成开发或者甚至无法确定资金是否被正确使用。最小化此类问题的机制可能包括要求通过里程碑对大型项目是否完成进行投票。整个过程缺乏监管。笔者认为，DAO 可能带来以下几个法律挑战。

（1）证券法下发行证券的法律风险。如果 DAO 所发行的代币被认定为证券，则涉及公开发行证券问题，需要考虑合规法律风险。

（2）银行法下的资金监管问题。考虑资金的来源与流向，资金是否涉及洗钱、恐怖等问题。

（3）DAO对公司法的冲击。如何为DAO这种新的组织形式立法等。

（4）DAO涉及的监管及税务问题。如何对DAO实行监管，DAO涉及的税务问题如何处理等。

（5）DAO的发起者非法集资等刑事犯罪风险防范。DAO的运营过程会涉及募资等活动。以集资诈骗罪为例，根据《刑法》的规定，如果DAO的运营者以非法占有为目的，使用诈骗方法集资的，则涉嫌犯罪。因此，集资行为不得以非法占有为目的，即集资应当用于合法用途，而且不得以诈骗的方法集资，而应当以真实的事实背景为依据。因此，DAO的运营应当充分防范集资风险。

8.1.3 DAO的相关法律问题

DAO的相关法律问题如下。

1. DAO参与主体的资格与权益确定的法律风险

按照DAO的去中心化自治理念，任何一个参与者都是DAO的"股东"，但DAO的运营主体可能是一个有限公司（或者股份公司、合伙企业）。DAO的参与者众多，而且处于动态变化之中，DAO的参与者作为"股东"，其权益基本不可能通过工商登记予以确认，其权益实现可能需要依靠股权代持等方式实现，因此，对于被代持的参与者，其权益存在无法进行法律确认的风险，也会为上市带来障碍。

此外，根据现行法律的规定，DAO 的一切后果由运营该 DAO 的主体承担（现实中是一个依法设立的法律实体）。因此，DAO 的发起者依然需要就 DAO 的所有行为承担法律责任，DAO 的经营者仍然需要对 DAO 履行管理职责。

2. DAO 的参与主体收益分配的法律问题

DAO 的参与主体的权益并未得到现实法律的确认，其收益分配只能基于 DAO 内自治规则或协议予以确认，而且权益的实现一般需要运营者进行记账、分配。如果运营者存在道德瑕疵，收益不按照规则计算或不进行兑现，这将引发群体性维权风险，并将给 DAO 带来灾难性后果。因此，即便去中心化，DAO 的收益分配依然存在较高的道德与法律风险。

3. DAO 的治理规则涉及的法律问题

DAO 的治理规则最初由发起者制定，或者由后期投票权大者主导修改（治理提案等），那么这个规则应合理，具有可操作性，其制定需要具有一定的前瞻性，这是对发起者管理能力的考验。无论制定还是修改 DAO 的治理规则，均需要遵守管辖地主权国家的法律法规。

DAO 在运行过程中，一般会涉及两种代币：一种是权益代币；另一种是治理代币（投票权）。权益代币会涉及相关交易，其中交易内容则涉及平台内的支付。权益代币可能与货币政策相违背，给平台带来金融及法律风险。

4. DAO 的网络安全与信息保护

随着《网络安全法》《数据安全法》《个人信息保护法》的出台，DAO 的网络安全与信息保护工作需要严格按照法律的规定进行落实，毕竟 DAO 的运营会涉及网络安全及大量的个人信息。如果个人信息涉及跨境流动，还需要履行安全审查流程。

8.2　DAO 的治理路径

对于 DAO 来说，达成共识是最重要、最具挑战性的任务之一，因为达成共识意味着以去中心化的方式作出决策，而达成共识的过程就是 DAO 的治理过程。这如同传统公司股东大会的决议，对于公司章程的修改需要经过 2/3 以上股东同意。公司章程及股东会、董事会、监事会及经理层等就是公司的治理架构。DAO 的治理路径是共识机制的达成与改进过程。DAO 的具体治理路径如下。

（1）直接的链上决策。DAO 成员直接在链上对提案进行投票，提案要通过必须满足上文提到的条件。大多数采用该模式的 DAO 都会使用通证加权投票机制，用户持有的通证数量决定了他的投票权重（通常 1 个通证 =1 张选票）。这是 DAO 中最常见也是最简单的共识达成方式，因为这种方式的复杂性和成本最低，而且可以抵御女巫攻击。

（2）直接的链下决策。DAO 使用快照在链下进行投票，如果投票要通过，就必须满足一定条件。多数采用这种模式的 DAO 也会使用通证加权投票机制，但需要可信实体通过"多重签名"的方式严格按照提案执行链上变更。因此，链下决策需要一定的信任假设，即"多重签名"者会如实按照 DAO 投票结果的快照来投票。

（3）代表制决策。DAO 委托代表在链上投票，以通过 DAO 的提案。代表通常由 DAO 选出，并可能参考链下快照来了解社区民意。DAO 还可能设置某种机制，当代表的投票结果严重偏离社区民意时，可对结果进行否决或变更。

（4）二次方决策。二次方决策是基于二次方投票的治理架构，其公式如下：投票者的成本 =（投票数量）。例如，对某一提案投 1 票需要花费 1 个治理通证，但如果投 5 票就需要 25 个治理通证。二次方投票可以防止 DAO 的投票结果被少数巨鲸控制。多数成员的共同投票结果将拥有同等甚至更大的效力。然而，要真正执行二次方投票，需要建立抗女巫攻击机制，以防止欺诈行为或将通证分散在不同的钱包里。

8.3 DAO 的监管机制

DAO 是由规则管理的社区，这些规则被编码为计算机程序并在区块链上运行。在最初构思 DAO 时，人们希望取消老板的权力并将其直接交到各个持有者手中。最早的例子之一是 The DAO，它于 2016 年 4 月推出，是第一个 DAO，旨在作为一个将资金分散的项目来运营，其成员通过治理令牌获得投票权，并决定如何分散资金，从而让投资的利润向成员回流。

8.3.1　DAO 是否应该受到监管

DAO 是由其编写在区块链上的智能合约写定的规则来治理的，该规则是公开透明的、不可任意篡改的，也就是其采用去中心化的机器治理模式。那么，既然如此，DAO 是否还应受到外部相关政府部门的监管？

（1）如果要构建 DAO 的精确的监管和完整的图像，重要的是要了解 DAO 可以服务于各种目的并以各种方式运行的机制。DAO 可以根据目的和操作的共性大致分为几种类型，其中包括投资型 DAO，它旨在通过资本池使大额投资去中心化；协议型 DAO，它服务于管理分散协议的目的等。

（2）DAO 是否吸引监管部门的注意力取决于它的目的和运作。DAO 可以或应当受到监管，以确保其目的适当。例如，赠款型 DAO 旨在通过透明的投票过程协调慈善捐赠；一个服务型 DAO 旨在通过教育改善公共卫生和实现气候目标。

（3）DAO 是否吸引监管部门还取决于 DAO 自身操作的结构。在新加坡，根据运营结构，投资型 DAO 可能构成 2001 年《证券和期货法》下的集体投资计划。

（4）诸如 The DAO 之类的 DAO 是否受到这样的监管是值得商榷的。虽然 DAO 类似于集体投资计划，因为它汇集资本是为了获得利润，但集体投资计划的立法定义假设了集中管理的资金池结构，这与 DAO 的分散运作不同。

8.3.2 DAO 受监管具备的优势

对于公众来说，对 DAO 的监管是对消费者的保护。在 DAO 概念的整个存在过程中，消费者在 DAO 黑客或诈骗中损失了大量资金。

The DAO 黑客事件是投资者在 DAO 上亏损的最早例子——黑客利用 The DAO 的各种编程漏洞，使投资者在 2016 年损失了 7 000 万美元。

最近，DAO 项目已成为越来越常见的诈骗媒介。俗称"地毯拉扯"，诈骗者会征求公共投资，随后带着筹集的资金潜逃，阻止项目的进展。这方面的一个例子是 AnubisDAO，其中 6 000 万美元的投资者资金被抽走。

对于 DAO 来说，监管的好处包括法律的认可和消费者眼中的合法性。这在加密货币市场尤其重要，加密货币市场以"柠檬"市场而闻名。通过消除有关 DAO 项目的信息不对称，监管将促进成熟 DAO 项目和新进入者之间的公平竞争，从而鼓励创新。此外，通过为新的 DAO 项目的安全性或有效性提供保证，并设定最低强制性标准，监管将使消费者有信心尝试新事物。

8.3.3　DAO 受监管存在的问题

DAO 受监管存在的问题在于，它与 DAO 背后的哲学逻辑矛盾。DAO 将组织权力从集中的决策者转移到社区手中。DAO 的水平结构构成了自身吸引力的重要组成部分。例如，成员在 DAO 中享受去中心化的规则制定和规则执行过程，这在分散金融等领域尤其有益。

相反，监管意味着国家监督，并允许集中的决策者干预 DAO 的治理。而且，额外的监管带来的繁文缛节可能使 DAO 的功能复杂化，从而让 DAO 成员首先寻求避免这一后果。

因此，未来对 DAO 的监管行动（如果有的话）将处在不放松对 DAO 的监管和为消费者引入保障措施的平衡之中。

监管的长臂尚未到达由社区真正管理的 DAO。从政策角度来看，监管机构是否应该关注此类型的 DAO 是值得怀疑的。因此，问题不在于对 DAO 的监管，而在于有多少 DAO 是真正由社区成员管理的。少数人掌握的 DAO 受到合理的监管，这毫无疑问可以保护许多人，然而矛盾的是这又与 DAO 的精神违背，或者我们可以把这种未被社区所有成员管理的 DAO 看作是迈向成熟 DAO 之路上的必然产物。

8.4 美国的 DAO 法律与监管[①]

8.4.1 美国起诉 DAO 第一案

2022 年 9 月 22 日，美国商品期货交易委员会（CFTC）在加利福尼亚州北区地方法院对 Ooki DAO 提起诉讼。这被看作美国监管机构针对 DAO 提起的第一起此类案件。诉讼称，Ooki DAO 在没有首先注册为期货佣金商的情况下运营，非法提供场外数字资产交易，违反了注册条例和银行保密法。CFTC 的行动似乎在暗示，将实体称为 DAO，或者将基于代币的投票作为组织决策过程的一部分，并不能让 DAO 逃脱传统监管机构下的法律责任。

该诉讼将对整个加密行业产生广泛影响。根据 DeepDAO 追踪的数据，目前市场上有 2 276 个 DAO，它们运营各种基于区块链的金融工具，并在其金库中管理着价值约为 95 亿美元的加密货币。这些 DAO 包括 390 万治理代币持有者和 696 000 名活跃参与者——许多参与者很可能受到 CFTC 监管的影响。CFTC 案件的关键问题是，该机构"试图将'商品交易法'应用于协议和 DAO"。

CFTC 辩称，Ooki DAO 运营着一个未经许可的交易所，通过多个区块链提供保证金和期货交易，该 DAO 作为非法人团

---

① 参见《Carbon Equal Dao 蔡宋辉：全面解读美国法律下 DAO 组织的法律结构》一文。网络地址为 https://baijiahao.baidu.com/s?id=1738113111246778217&wfr=spider&for=pc。

体（Unincorporated Association）应承担责任。非法人团体是指设有代表人或管理人，但未取得法人资格的社会组合体。DAO确实不是法人实体，而是一种自治实体：不依靠 CEO 和 CFO 控制组织资金，而是由基于区块链的智能合约执行，其规则由 DAO 成员投票决定。CFTC 认为，该投诉适用于使用 DAO 治理代币对决策进行投票的每个人，也包括与 DAO 相关的任何其他个人或实体。CFTC 声称拥有管辖权，因为一些 DAO 成员居住在美国并在美国境内对治理决策进行投票。该投诉要求法院采取一系列行动。例如，认定 DAO 及其成员违反了 CFTC 规定，监管机构还希望对此类成员发出禁令，以阻止他们提供此类交易服务。CFTC 还在寻求第二项禁令，以阻止 DAO 成员在已注册或正在注册的交易所进行交易，同时寻求关于赔偿、没收非法所得、民事罚款、交易和注册的禁令，以及禁止进一步违规的禁令。然而，并非 CFTC 系统内的每个工作人员都支持该行动。

8.4.2　美国 DAO 的法律形态和适用

美国法律对 DAO 的法律界定相当灵活，DAO 的创建者可以根据自己的具体需要设立不同的 DAO 模式。具体 DAO 的法律形态和适用如下。

（1）没有正式法律实体的 DAO。DAO 可以在没有正式法律实体的情况下运营。高度去中心化的 DAO，特别是那些活动范围狭窄 / 链外业务有限的 DAO，由于去中心化和短期业务，实际的税收或监管执法风险较小，从而限制了没有法律实体的风险。这也包括 DAO 由业余爱好者组成，而不是由从 DAO 获得定期收入的承包商或雇员组成的情况。

（2）普通合伙企业式 DAO。如果以营利为目的，或者通证持有者可以投票将 DAO 的资金分配给自己，那么 DAO 有可能被视为事实上的普通合伙企业。

（3）非法人非营利协会。致力于非营利目标的 DAO 可以组建非法人非营利协会，这类似于非法人合伙的非营利版本，但可以提供成员有限责任。拥有以美国为中心的成员或活动的 DAO，具有真正的非营利目的，希望获得更大的监管和税收确定性，并自愿加入美国公司的，可采用该模式。

（4）有限合作协会。一个 DAO 可以组建一个有限的合作协会（Limited Cooperative Association），这是一个将传统的合作社与更灵活的资本结构和治理框架相结合的实体，适用于拥有以美国为中心的成员的 DAO。它希望成员成为 DAO 的积极贡献者（少数例外），并希望遵守现代合作社原则。它不适用于成员基础很不稳定并希望保持匿名的 DAO。

（5）孤立实体。一个 DAO（或其创始人，或通证持有者）可以组建一个法律实体，承担 DAO 或协议的特定活动（例如，作为通证卖方），或者持有特定资产。适用于 DAO 的子分支，或者个人通证持有者希望组建一个实体，来隔离责任和税收。有一个相对明确的成员群体的 DAO，其活动的监管风险相对较小，需要一个法律实体与传统的服务提供商互动。

（6）完整的有限责任公司。DAO（或其创始人，或通证持有者）可以组建一个有限责任公司，DAO成员将成为该公司的所有者。其适用于有相对较少的、明确的、高度稳定的成员群体的DAO（如投资型DAO）。

读书笔记